JN028698

THE SOCIAL SECURITY SYSTEM IN JAPAN
Principles and Design　[2nd edition]

日本の
社会保障システム

理念とデザイン　　[第2版]

吉田健三 Kenzo Yoshida

木下武徳 Takenori Kinoshita

加藤美穂子 Mihoko Kato

長谷川千春 Chiharu Hasegawa

［編］

東京大学出版会

THE SOCIAL SECURITY SYSTEM IN JAPAN [2nd edition]
Principles and Design
Kenzo YOSHIDA, Takenori KINOSHITA,
Mihoko KATO and Chiharu HASEGAWA, Editors
University of Tokyo Press, 2024
ISBN978-4-13- 042157-7

第2版　まえがき

　本書の目的は、21世紀の日本を支える社会保障システムの基本的な理念とデザインを丁寧に説明することにある。地球環境問題や国際秩序の動揺など新しい条件のもと、社会保障システムはいっそう重要となっている。もちろん、経済基調の悪化の下で少子高齢化に対応するためには、年金や医療や介護や社会福祉の各分野で経済的な効率化や合理化が求められる。だが、決して失ってはならないのが、日本国憲法に基づく社会保障システムの根本理念である。効率化や合理化もまた、人間的な理念を実現し、維持する政策手段を護り、将来世代に残すために求められるのである。

　今回の改訂において、本書の基本的な構成に変更はない。経済社会が激動するなかにあっても、日本の社会保障システムの基本構造や課題、さらに改革すべき方向も、根本的には変わっていないと考えるためである。初版出版以降の新たな、また、より重要となった論点や出来事については各章のコラムや節がそれぞれ追加されている。また、第2版では医療経済を専門とする長谷川が新たに第3章「医療保障システム──国民皆保険と持続可能性」を執筆している。初版において保険を専門とする中浜が担当していた社会保険の考察は、本書全体に関わる重要なフレームであるため、今回は第1章に配置した。

　本書の構成は次のとおりである。

　第1章「日本の社会保障システムの理念」（中浜隆・渋谷博史）
では、日本国憲法の基本的理念と、それを体現する社会保障シス
テムの基本構造が示される。社会保障システムは、日本国憲法の
基本理念である平和主義的な民主国家の構築を目的とする政策手
段であるが、それは主権者たる国民が勤労して経済基盤を確立す
ることを前提に、そこから納められる租税や社会保険料を財政的
な基盤としている。特に社会保障システムの中核をなす社会保険
は、国民の勤労の成果から収められる社会保険料を根拠に受給権
を付与する制度であり、市場経済の論理との整合が図られている。
そこではまた、国民が就労する形態に応じて分立的に制度が構築
され、その制度間の不均等を均すために財政調整メカニズムも内
蔵されている。

　第2章「年金システム——市場経済と労使関係を基盤として」
（吉田健三）では、この戦後の社会保障の基本理念が退職後所得
保障の分野において具体化していくプロセスを、市場経済と労使
関係との関わりから論じている。日本では右肩上がりの経済成長
を前提条件に、分立的な皆年金制度が形成された。しかし現在は
人口の高齢化やグローバル化などの時代の転換の中、給付水準は
もちろん皆年金体制にも綻びが生まれつつある。全国単位で運営
され、現金のみを給付する年金システムは、最もシンプルな社会
保障の基本形であり、それゆえ日本の社会保障財政の特質、また
転換期の課題が最も明快に現れている。

　第3章「医療保障システム——国民皆保険と持続可能性」（長
谷川千春）では、戦後の「豊かな社会」の中で整備、拡充がなさ

れた国民皆保険システムが検討される。それは右肩上がりの経済成長を前提に形成された点、分立的な構造、人口の高齢化やグローバル化の中で浮かび上がった財政的な持続可能性や「無保障問題」といった皆保険の綻びなど、年金システムと共通する部分も多い。しかし、各雇用主や県、市町村単位で形成され、現金ではなく現物の医療サービスを提供する医療保険は、年金システムより複雑である。ここでは特に高齢者医療を支える財政調整や、医療サービス「適正化」に向けた取り組みが示されている。

　第 4 章「介護保険と高齢者福祉——財政調整と財政資金の投入」（加藤美穂子）では、第二次大戦後の平和と「豊かな社会」の成果である「人口高齢化」を受け止める介護保障が検討される。日本の高齢者福祉はもともと租税資金を財源とする措置制度として形成されたが、高齢化や家族形態の変化による介護ニーズの拡大とともに、保険料を権利の根拠とする介護保険が創設された。介護保険では、多様なニーズに対応するための地方自治と、全国統一的なサービスの確保や経済力の格差緩和との両立を図るための、多重の財政調整制度が内蔵された。人口高齢化がますます加速する中、近年では、特に予防重視の取り組みへの注力が図られている。

　第 5 章「社会福祉システム」（木下武徳・渋谷博史）では、社会保険を主柱とする日本の福祉国家システムを根底から支えている社会福祉の諸制度の発展と、その地域の運用事例が考察される。親市場的な社会保険だけでは取り残される分野は、「社会権」的な理念による社会福祉で引き受けられている。このセーフティネットの整備により、資本主義的市場経済の厳しいメカニズムが機

能するという構造的関連を見逃してはならない。近年の経済停滞と格差拡大の状況下で、一方で生活保護や社会福祉の政策分野における費用抑制、効率化が図られるのと同時に、他方では明確な自立支援メカニズムの構築が図られている。

　さらに終章「21世紀の福祉国家のグローバル展開」（渋谷博史）では、その「社会権」的な理念の背後にある「人類愛」を具体化する「Human Security」論の紹介を試みている。

　社会保障をめぐる議論は、昨今の少子高齢化への懸念から、より盛んとなりつつある。しかし、「少子化対策」にせよ「世代間の公平」にせよ、金銭的な得失といった次元のみで語られていることが多い。そこには現代の日本社会における人間軽視が感じられる。もちろん、社会保障システム自体も市場経済を基盤としており、また租税や保険料を用いた金銭の移転を主な手段としている。しかし、このような手段の選択には、その裏付けとなる人間観やそれを実現する社会の展望が必要となる。日本の社会保障システムの理念と構造を学ぶことが、その一助となることを願いたい。

　2024年2月

　　　　吉田健三・木下武徳・加藤美穂子・長谷川千春

初版　まえがき

　日本国憲法は主権の存するところを国民に定めている。その一人ひとりの国民が、日本をいかなる国にするのかを考えることは、主権者の権利であり、義務である。そのために、この書物で日本の社会保障システムの理念とデザインを勉強してほしい。

　社会保障の初学者は、日本の社会保障システムの厳しい現状や展望の乏しさを知るにつれ、暗澹たる気分になるかもしれない。世の中にはより気楽で明るい内容の番組や読みものが溢れており、単純で気分の良い情報のみに囲まれていたいと思う人もいるであろう。しかし、21世紀におけるグローバル化とIT化の不可逆的な進行の中で、社会保障システムの改革や再編について主権者が無関心で無策のままでいるならば、手遅れの事態となる。

　本書は、日本国憲法の理念を共通の基盤とした上で、日本の社会保障システムの具体的なデザインについて、各章の執筆者がそれぞれの分野に対して多様な切り口と分析視角をもって説明・検討している。分析視角の過度な統一を避けたのは、21世紀に求められる改革と再編が、20世紀後半の社会保障システムの拡充期のような直線的な思考では対応できないからである。視野を広げて考察するためには、各分野の直面する課題の多様性に応じ、多面的な問題意識とアプローチが有効である。

　本書は、執筆者たちがそれぞれの問題意識と知識を培い、ぶつ

け合って書き上げたものであり、真剣に日本の将来を考える多くの人々にとってヒントになれば有難い。福祉国家や社会保障に関する専門家による書物には、比較的狭い分野・領域に焦点を当てるものが多いが、本書はむしろ視野を広げて現代史の大きな流れにおける位置づけを意識するものであり、その上で日本の社会保障システムの全体像を理解するために必要な各分野の専門的な解説を確保している。

　さらに本書には重要な「隠し味」が仕込まれている。本書の執筆者は、これまで長い期間にわたってアメリカの福祉国家システムの様々な分野について共に研究し、切磋琢磨してきた。アメリカは自由主義を軸として国内の経済社会や福祉国家を構築するばかりではなく、国外に発するグローバル化のインパクトにも自由主義を染み込ませている。そのようなアメリカ・モデルと比較する眼をもって福祉国家の日本モデルを考察している。21世紀の資源制約と高齢化の中で一層の節約と効率化が要請されるときに、日米比較の「隠し味」も本書で学ぶ意義を一層増すものと自負している。

　2017年9月

　　　　　　　　　　　　木下武徳・吉田健三・加藤美穂子

目 次

執筆者一覧（＊は編者）

渋谷博史（しぶや ひろし）　第 1 章第 1 節・第 3 節・第 4 節、第 5 章
第 3 節・第 4 節、終章、*Column 10 〜 13* 担当
東京大学名誉教授。1949 年生まれ。主要著作に『トランプ財政とアメリカ第一主義』（単著、2023 年、東京大学出版会）、『20 世紀アメリカ財政史』（全 3 巻、単著、2005 年、東京大学出版会）、『福祉国家システムの構造変化—日米における再編と国際的枠組み—』（共編著、2001 年、東京大学出版会）、*Japanese Economy and Society under Pax-Americana*（共編著、2002 年、University of Tokyo Press）がある。

中浜　隆（なかはま たかし）　第 1 章第 2 節担当
小樽商科大学商学部教授。1959 年生まれ。主要著作に『アメリカの生命保険業』（単著、1993 年、同文舘出版）、『アメリカの民間医療保険』（単著、2006 年、日本経済評論社）がある。

吉田健三（よしだ けんぞう）＊　第 2 章、*Column 1 〜 5* 担当
青山学院大学経済学部教授。1975 年生まれ。主要著作に『アメリカの年金システム』（単著、2012 年、日本経済評論社）、論文「比較福祉国家研究を超えて—アメリカ福祉国家の位置づけ—」（単著、東京大学社会科学研究所『社会科学研究』第 59 巻 5-6 号、2008 年、185-217 頁）がある。

長谷川千春（はせがわ ちはる）*　第3章、*Column 6*、*7* 担当
立命館大学産業社会学部教授。1977年生まれ。主要著作に『アメリカの医療保障―グローバル化と企業保障のゆくえ―』（単著、2010年、昭和堂）、論文「医療保障改革法（PPACA）の10年―オバマケアの成果と課題―」（単著、国立社会保障・人口問題研究所『社会保障研究』第6巻第2号、2021年、130-147頁）がある。

加藤美穂子（かとう みほこ）*　第4章、*Column 8*、*9* 担当
香川大学経済学部教授。1975年生まれ。主要著作に『アメリカの分権的財政システム』（単著、2013年、日本経済評論社）、『アメリカの連邦補助金―医療・教育・道路―』（単著、2021年、東京大学出版会）がある。

木下武徳（きのした たけのり）*　第5章第1節・第2節担当
立教大学コミュニティ福祉学部教授。1974年生まれ。主要著作に『アメリカ福祉の民間化』（単著、2007年、日本経済評論社）、論文「アメリカにおける公的扶助の行政不服審査―日本との比較の視点から―」（単著、2017年、『國學院経済学』第65巻3・4号、2017年、391-412頁）がある。

河﨑信樹（かわさき のぶき）　*Column 14* 担当
関西大学政策創造学部教授。1974年生まれ。主要著作に『アメリカのドイツ政策の史的展開―モーゲンソープランからマーシャルプランへ―』（単著、2012年、関西大学出版部）、『アメリカの国際援助』（単著、2012年、日本経済評論社）がある。

第1章　日本の社会保障システムの理念

中浜　　隆

渋谷　博史

1.1　日本の社会保障システムの理念：日本国憲法と福祉国家

1.1.1　平和主義的な民主国家を構築する政策手段

　日本国憲法による平和主義的な民主国家の建設という課題のための政策手段として福祉国家があり、その主軸が社会保障である。日本国憲法は、「前文」で、平和主義的な民主国家のスキームによって第二次大戦の惨禍から日本を再建することを宣言している。それは「前文」というよりは「主文」とする方が正当であろう。

　日本国民は、正当に選挙された国会における代表者を通じて行動し、われらとわれらの子孫のために、諸国民との協和による成果と、わが国全土にわたつて自由のもたらす恵沢を確保し、政府の行為によつて再び戦争の惨禍が起ることのないやうにすることを決意し、ここに主権が国民に存することを宣言し、この憲法を確定する。そもそも国政は、国民の厳粛な信託によるものであつて、その権威は国民に由来し、その権力は国民の代表者がこれを行使し、その福利は国民がこれを享受する。これは人類普遍の原理であり、この憲法は、かかる原理に基くものである。われらは、これに反する一切の憲法、法令及び詔勅を排除する。

　日本国民は、恒久の平和を念願し、人間相互の関係を支配する崇高な理想を深く自覚するのであつて、平和を愛する諸国民の公正と信義に信頼して、われらの安全と生存を保持しようと決意した。われらは、平和を維持し、専制と隷従、圧迫と偏狭を地上から永遠に除去しようと努めてゐる国際社会において、名誉ある地位を占めたいと思ふ。われらは、全世界の国民が、ひとしく恐怖と欠乏から免かれ、平和のうちに生存する権利を有することを確認する。

　われらは、いづれの国家も、自国のことのみに専念して他国を無視してはならないのであつて、政治道徳の法則は、普遍的なものであり、この法則に従ふことは、自国の主権を維持し、他国と対等関係に立たうとする各国の責務であると信ずる。

　日本国民は、国家の名誉にかけ、全力をあげてこの崇高な理想と目的を達成することを誓ふ。

　すなわち、第1に国政による「福利」を主権者たる国民が享受するための民主主義という国民主権の国内システムと同時に、第2に「諸国民との協和」の国際社会の中で「再び戦争の惨禍が起ることのない」ことを決意する国際的な平和主義が掲げられる。そして第3に、「平和を愛する諸国民の公正と信義に信頼して、われらの安全と生存を保持しよう」と決意し、「平和を維持し、専制と隷従、圧迫と偏狭を地上から永遠に除去しようと努めてゐる国際社会において、名誉ある地位を占めたいと思ふ」というのである。まさに平和主義的な民主国家というスキームで、第二次大戦の惨禍から日本を再建するという決意表明である。

　そして、主権者である国民の権利と義務を規定する第3章の前に、第1章「天皇」で「天皇は、日本国の象徴であり日本国民統

合の象徴であつて、この地位は、主権の存する日本国民の総意に基く」という規定（第1条）で実質的な民主革命を実現し、さらに第2章「戦争の放棄」の第9条で、「日本国民は、正義と秩序を基調とする国際平和を誠実に希求し、国権の発動たる戦争と、武力による威嚇又は武力の行使は、国際紛争を解決する手段としては、永久にこれを放棄する」と宣言し、その第2項で、「前項の目的を達するため、陸海空軍その他の戦力は、これを保持しない。国の交戦権は、これを認めない」と明確に規定している。

　これらの規定によって具体化された平和主義的な民主国家を構築すべき主権者たる国民について、第3章「国民の権利及び義務」で様々な規定が与えられ、われわれはそこから日本の福祉国家及び社会保障の基本論理を読み取ることができる。

　第1に、第11〜13条による基本的人権の保障と制約の規定が興味深い。一方で「個人として尊重される」国民は「生命、自由及び幸福追求に対する国民の権利」を保障されるが、他方で、国民は「不断の努力によつて、これを保持しなければなら」ず、また、「これを濫用してはなら」ず、「常に公共の福祉のためにこれを利用する責任を負ふ」というのである。上で読み解いてきた文脈に従えば、「公共の福祉」とは平和主義的な民主国家の構築であり、それを、主権者たる日本国民が「達成することを誓う」と憲法の前文で宣言している。

　第2に、第14〜40条で上記の「生命、自由及び幸福追求に対する国民の権利」が具体的に規定される。法の下の平等、選挙の投票の秘密、身体、思想、良心、信教、表現、居住、職業選択、学問、婚姻といったそれぞれの自由の規定（第14〜24条）に続

いて、福祉国家や社会保障に関連してよく取り上げられるのが第
25 〜 27 条である。

　第 25 条：すべて国民は、健康で文化的な最低限度の生活を営む権
利を有する。②国は、すべての生活部面について、社会福祉、社会
保障及び公衆衛生の向上及び増進に努めなければならない。
　第 26 条：すべて国民は、法律の定めるところにより、その能力に
応じて、ひとしく教育を受ける権利を有する。②すべて国民は、法
律の定めるところにより、その保護する子女に普通教育を受けさせ
る義務を負ふ。義務教育は、これを無償とする。
　第 27 条：すべて国民は、勤労の権利を有し、義務を負ふ。②賃金、
就業時間、休息その他の勤労条件に関する基準は、法律でこれを定
める。③児童は、これを酷使してはならない。

　特に、第 25 条の「すべて国民は、健康で文化的な最低限度の
生活を営む権利を有する」という規定の解釈が重要である。主権
者たる国民は、それぞれに「健康で文化的な最低限度の生活を営
む権利を有する」のであり、それが、平和主義的な民主国家の最
重要な基盤である。上記の第 11 〜 13 条の規定と関連付ければ、
国民は「不断の努力」によってその権利を保持し、「常に公共の
福祉のためにこれを利用する責任を負ふ」のである。国民の「不
断の努力」の中でも重要なのが、自立的で主体的な国民による勤
労の権利と義務（第 27 条）であり、その基礎条件が上記の様々
な自由であり、また第 28 条の「勤労者の団結する権利及び団体
交渉その他の団体行動をする権利」である。
　個々の国民がそういう主体的な生活を営むのを、「国（後にみ

る日本国憲法の第4〜8章で形成される枠組みの政府部門：引用者）は、すべての生活局面について、社会福祉、社会保障及び公衆衛生の向上及び増進に努め」て、支援するのである。決して国民の側が受け身で生活の保障を待つというスタンスではないと考えたい。国民の側の「不断の努力」と「責任」が前提となって、そのために「国」（政府部門の制度や政策）が利用されるのである。これが、日本の福祉国家の基本的な理念と位置付けである。

　次に、そのような役割を担う国家（政府部門）の枠組みを規定するのが、第4章「国会」、第5章「内閣」、第6章「司法」、第7章「財政」、第8章「地方自治」である。「国権の最高機関」である国会は「全国民を代表する選挙された議員」（第43条）で組織され、「内閣総理大臣は、国会議員の中から国会の議決で」（第67条）指名され、その内閣が司法の最高裁判所長官を指名し、また国の予算や租税は国会の議決を経なければならない。地方公共団体は一義的には国会による法律に規定されるが、他方では当該地方公共団体の住民が直接に選挙するという形の地方自治がある。

　重要なので繰り返すと、このような政府部門の枠組みは、上にみたように、戦後世界において平和主義的な民主国家を構築して、主権者たる国民の福利を確保・維持することを目的としている。

1.1.2　日本型の福祉国家

　後に詳しくみるように、現在の日本の社会保障システムは、第1に年金・医療等の社会保険が主柱であり、第2にその社会保険を補完するために様々な社会福祉があり、そして第3に主柱であ

る社会保険の財源は主として加入者本人やその雇用主が拠出する
社会保険料であるが、補完的制度の社会福祉は財政資金（税収や
借入金）で賄われている。

　このような現在の社会保障システムの構造は、第二次大戦直後
の 1950 年の「社会保障制度に関する勧告」（社会保障制度審議会、
大内兵衛会長）によって提言、予見されていた[1]。

　この勧告の第 1 の特徴は、日本国憲法第 25 条の「すべて国民
は、健康で文化的な最低限度の生活を営む権利を有する」という
規定と、同条第 2 項の「国は、すべての生活部面について、社会
福祉、社会保障及び公衆衛生の向上及び増進に努めなければなら
ない」という規定から、「国民には生存権があり、国家には生活保
障の義務がある」という踏み込んだ解釈を導き出したことである。

　しかし第 2 に、「そうして一方国家がこういう責任を取る以上、
他方国民もまたこれに応じ、社会連帯の精神に立って、それぞれ
の能力に応じてこの制度の維持と運用に必要な社会的義務を果た
さなければならない」という形で、国民の側の義務も明記してい
る。すなわち、先に示した日本国憲法第 3 章の国民の側の主体性
に重心を置く解釈よりは、国家による生存権保障という形で国家
の方に少し重心を移動させる解釈と言えよう。

　ところが、戦前から国民・納税者の主体性を基盤とする財政民
主主義の重要性を説いていた大内兵衛[2] は、国家による生存権保
障という政策についても国民の側の主体性を不可欠な基盤とすべ
きことも十分に認識していた。すなわち、第 3 に、「国民の自主

---

1)　社会保障制度審議会（1950）5-6、27 頁。
2)　大内兵衛（1930）。

的責任の観念」を基盤として、「社会保障の中心をなすものは自らしてそれに必要な経費を醵出せしめるところの社会保険制度」とすることを提言している。

　そして第4に、「保険制度を持ってしては救済し得ない困窮者」については、「国家は直接彼らを扶助しその最低限度の生活を保障」するとするが、「社会保険制度の拡充に従ってこの扶助制度は補完的制度」になるという位置付けである。社会福祉の対象者は、「国家扶助の適用をうけている者、身体障害者、児童、その他援護育成を要する者」とし、「自立してその能力を発揮できるよう、必要な生活指導、更生補導、その他の援護育成を行う」という方向性を提示している。

　以上みたように、大内勧告は、日本国憲法第3章の諸規定よりは、国家の側の保障義務の方向に重心を少しだけ移動させているが、国民の側の原則的な責任を確認したうえで、「自主的責任の観念」を体現する社会保険を社会保障の主軸としており、それに取り残される人々に対する社会福祉も個人の自立性を目指すベクトルが織り込まれている。

　こうして強調される国民の側の自立性や自主責任を、大内勧告の冒頭[3] に掲げられる、「敗戦の日本は、平和と民主主義とを看板として立ち上がろうとしているけれども」、その前提としての「最低限の生活」が与えられなければ、「人権の尊重も、いわゆるデモクラシーも……紙の上の空語でしかない」という文脈に位置付けて読めば、大内勧告も日本国憲法の理念に整合していると言

---

3)　社会保障制度審議会（1950）1-2 頁。

えよう。

　本節では日本国憲法と大内勧告を検討して、日本の社会保障システムにおける主軸としての社会保険を「主権者の国民における自立性と自主責任」の視点から考察したが、次節では、民間保険（市場における商品）と比較することで、その「自立性と自主責任」を基盤とする社会保険には、大内兵衛の言うところの「社会連帯の精神」や「社会的義務」が必要不可欠な要素として組込まれていることを具体的に考察する。

1.2　社会保険と民間保険

1.2.1　社会保険と民間保険の共通点

　社会保険も民間保険も保険である以上、両者には共通点が存在する。主要な共通点は、第1に、加入者は保険料を拠出し、それによって受給権（保険給付を受ける権利）を取得することである。リスク処理手段として保険を選択する場合、自立した経済主体は自主的に保険に加入することによって、リスクから生命や財産を守ろうとするのである。

　第2に、保険給付は保険料から行われることによって、多数の加入者がリスクを分担することである。比較的少額の負担（保険料）で比較的高額の給付（保険金）を受けることができるのは、多数の経済主体が保険に加入しているからである。保険は多数の経済主体が加入することによって制度として成り立つのであり、この点において保険は社会的に存在しているのである。

1.2.2 社会保険と民間保険の違い

　他方、社会保険と民間保険はどのような点が異なっているのであろうか。社会保険を規定する主要な特徴は、加入と保険料の2つの点にあると考えられる。両者について、民間保険と対比しながらみてみよう（図表1-1）。

　第1に、加入について、社会保険は強制加入であることである。つまり、本人の加入の意思如何にかかわらず、法律によって加入が義務づけられている。それに対して、民間保険は任意加入である。

　民間保険は、厳密にいえば契約（保険契約）である。契約は当事者の合意に基づくものであり、契約するかどうか及びどのような内容で契約するかは個人の自由な意思に委ねられている。民間保険を市場という観点からみると、民間保険は保険市場で保険商

図表1-1　社会保険と民間保険

	社会保険	民間保険
種類	人保険	人保険、物保険
加入	強制加入	任意加入
保険料	政府が保険料の設定方法（定額の保険料、所得に基づく保険料）を決める	保険者がコスト（リスク）に基づいて保険料を決める
保険者	公的部門（政府、公法人）	民間部門（保険会社等）
危険選択	なし	あり
逆選択	なし	ありうる
財源	保険料＋財政資金	保険料
給付	法定給付、画一的給付	契約当事者の合意で決まり、個々の契約で内容・水準が異なりうる

出所：筆者（中浜）作成。

品として売買される。保険者（保険給付を行う者）は、ある種目の保険が取引される保険市場に参入してもよいし、しなくてもよい。また、参入しているが、引き受けたくなくなれば退出してもよい。他方、経済主体は、保険に加入したければ保険市場で保険商品を購入すればよいし、加入したくなければ購入しなくてもよい。

　民間保険はこうした市場で取引される保険商品であるのに対して、社会保険は市場の商品としての要件を欠いている。

　第2に、保険料について、社会保険では、保険料の設定方法を政府が決めていることである。それには、保険料を定額とする方法もあれば、所得に基づく方法もある。後者は、加入者は所得に応じて保険料を負担することから、応能負担の原則と呼ばれる。

　それに対して民間保険では、保険料は市場における競争を通じて決定される[4]。保険者はコスト（予定のコスト）に基づき、市場の競争圧力のもとで価格を設定する。ここで、保険のコストとは、保険金と事業費である。保険者が保険料を算定する時のコストは、将来に支払いが予定される保険金と事業費であるので、予定のコストである。

　民間保険における純保険料の計算原則である給付反対給付均等の原則（給付は保険金、反対給付は純保険料を指す）は、各保険契約者が支払う純保険料は、保険事故発生時に受け取る保険金の額に保険事故発生の確率を乗じた額に等しいこと、換言すれば、

---

　4)　民間保険において、保険契約者が保険者に支払う保険料は、営業保険料または総保険料と呼ばれる。営業保険料は、純保険料（保険金の支払いに用いられる）と付加保険料（保険者の事業費に用いられる）から構成されている。

各保険契約者が支払う純保険料は保険金の数学的期待値に等しいことを示す原則である。こうした給付反対給付均等の原則は、保険者が予定のコスト（リスク）に基づいて純保険料を算定することを示すものである。

　民間保険の保険料は保険者のコストと市場の競争によって決まるのに対して、政府が設定方法を決める社会保険の保険料は商品の価格としての要件を欠いている。

　こうした社会保険と民間保険における加入と保険料の違いは、社会保険と民間保険の保険入手可能性（availability）と保険料負担可能性（affordability）に直接的にあらわれる。

　まず、保険入手可能性について、社会保険では、加入対象となる人々に対して加入を強制して（義務づけて）おり、それに対応して保険者に対して危険選択（申込者のリスクに基づいて、保険者が保険を引き受けるか引き受けないかを選択すること）を禁止している。

　社会保険では、加入対象となるすべての人々は、強制加入に対応する危険選択の禁止によって、リスクの高低にかかわらず加入できる。民間保険では、高リスク者は、保険者の危険選択によって加入できないかもしれない。

　もし社会保険も任意加入であるならば、特に低リスク者のなかには加入しない者が出て、逆選択（高リスク者のみが保険に加入する現象）が生じるであろう。逆選択が過度に生じると、社会保険は制度として成り立たなくなる。そこで、高リスク者も加入でき、制度として成り立つように、加入対象となるすべての人々に（低リスク者にも）加入を求めるのである。

　次に、保険料負担可能性について、多くの場合、社会保険の保険料はリスクの高低に連動する応益原則に代わり、所得比例などの応能原則が採用されている。たとえ高リスクであっても保険料は所得に応じて決まるので、高リスク者は保険料を負担しやすくなる。

　それに対して民間保険の保険料は、リスクの高低に基づいている。したがって高リスクかつ低所得の人々は、保険料の負担が大きくなる。もし保険料が高すぎて負担できないならば、たとえ保険者が危険選択（引受拒否）をしなくても、結局は保険に加入できないことになる。

　社会保険では、加入と保険料において、高リスク者に対して保険入手可能性を確保し、低所得者に対して保険料負担可能性を高める措置が講じられている。なお、社会保険も保険である以上、保険給付の財源は加入者が拠出する保険料であり、保険給付が増加するとそれに応じて保険料が引き上げられなければならない。社会保険に財政資金が投入されるのは、強制加入とする社会保険の保険料負担可能性の低下を抑止する措置であると言えよう。

　保険は経済主体が保険料を拠出して受給権を取得することによってリスクを処理する（リスクから生命や財産を守る）手段であるという点において、「自立性と自主責任」を基盤としている。そして、社会保険は高リスク者も加入できるように加入対象となるすべての人々に加入を求める強制加入（保険者の危険選択の禁止）であるという点及び低所得者も負担しやすい応能原則に基づく保険料であるという点において、社会保険には「社会連帯の精神」や「社会的義務」が必要不可欠な要素として組込まれている

のである。

1.3　社会保障システムの経済基盤：市場経済と福祉国家

1.3.1　20世紀の経済成長と「豊かな社会」の福祉国家構築

　大内兵衛の言うように、人権やデモクラシーを「紙の上の空語」にしないための社会保障システムも、それを裏打ちする経済力がなければ、「紙の上の空語」になってしまう。ところで、日本国憲法の第3章で国民の納税の義務（第30条）が規定されるが、その納税を支える経済力は、市場経済における国民の経済活動によるフローの所得とストックの資産を想定している（第27条の勤労の権利、第29条の財産権）。市場経済における所得や資産への課税によって賄われなければ福祉国家も社会保障の「空語」となるに違いないのであり、福祉国家は市場経済に基盤を置くのである。

　振り返って、日本国憲法第3章の前半で規定された主権者である国民の自由と基本的人権も、決して抽象的なものではなく、現実の市場経済の中で自立的に勤労して自分の自由の基盤を獲得する個人のためのものである。その個人の側に視点を置けば、自らの勤労によって経済基盤を確立・維持したうえで、国や地方公共団体の施策を賄うために租税を負担し、さらに日々の生活や人生における様々なリスクをカバーするための社会保険（年金、医療、介護、失業等）に社会保険料を納付するのである。

　そして実際に、日本国憲法に規定される平和主義的な民主国家

図表 1-2　日本経済の発展（実質 GDP）

暦年	実質 GDP（10 億円）		一人当たり実質 GDP（千円）		人口（万人）
	旧 68SNA	08SNA	旧 68SNA	08SNA	
	1990 年基準	2015 年基準	1990 年基準	2015 年基準	
1955	47,075		523		9,008
1960	71,683		760		9,430
1965	111,294		1,122		9,921
1970	188,323		1,799		10,467
1975	234,459		2,095		11,194
1980	290,551		2,482		11,706
1985	342,950		2,833		12,105
1990	429,986		3,479		12,361
1995	461,894	458,270	3,678	3,650	12,557
2000	485,972	482,617	3,829	3,802	12,693
2005		511,954		4,007	12,777
2010		510,720		3,988	12,806
2015		538,081		4,234	12,709
2019		553,107		4,370	12,656

出所：内閣府「1998 年度国民経済計算（1990 年基準・68SNA）」と「2020 年度国民経済計算（2015 年基準・2008SNA）」より作成。

の重要な一環である日本福祉国家が構築されたのは、戦後日本経済が長期的かつ持続的に発展する時代であった。すなわち、日本福祉国家の構築には経済発展は不可欠な基盤であったが、同時に、その福祉国家も経済発展にとって不可欠な要因であった。その関連について少し踏み込んで考えておこう。

　図表 1-2 で、1955 年（昭和 30 年）から 2019 年（令和元年）までの長期間における実質 GDP の推移をみよう。

　第 1 に、実質 GDP とは、それぞれの時点の物価を反映する名目 GDP から物価変動の影響を除去して算出されたものである。同図表では 1955-2000 年の期間と 1995-2019 年の期間について集

計方法の異なる2つの推計があり、また前者については1990年価格を基準にして実質値を計算し、後者については2015年価格を基準にしている。実質GDPは日本経済全体の規模を表すが、さらに人口で除すると国民一人当たりの実質GDPになる。例えば、1960年代（1960-70年）に実質GDPは71.7兆円から188.3兆円へと2.63倍に増加するが、人口が9,430万人から1億467万人に増加したので、一人当たり実質GDPは76万円から180万円へと2.37倍に増加した。同様に計算すると、1970年代に実質GDPが1.54倍、一人当たり実質GDPが1.38倍に増加し、1980年代に実質GDPが1.48倍、一人当たり実質GDPが1.40倍に増加している。1960年代に比べて伸びは小さいが、それでも経済発展が継続して、増大する人口全体の経済水準も上昇していることがわかる。

　第2に、1990年代からは長期的な停滞基調となる。1990年代の増加は実質GDPが1.13倍、一人当たり実質GDPが1.10倍であり、2000年代（2000-10年）については別系列（2015年基準）の数値で計算すると実質GDPが1.06倍、一人当たり実質GDPが1.05倍となり、2010-19年については実質GDPが1.08倍、一人当たり実質GDPが1.10倍となった。

　1990年代以降については次項で検討するとして、本項では1990年までの持続的な経済発展の時期を検討しておきたい。経済発展に寄与した主要因は以下の3点である[5]。

　第1は、戦後世界構造による国際的条件である。資本主義 vs. 社会主義の東西対立という状況下における、パクスアメリカーナによる国際秩序である。先にみた日本国憲法の前文に国民主権は

「人類普遍の原理」であり、「専制と隷従、圧迫と偏狭を地上から永遠に除去しようと」努めている国際社会に属すると述べている。「専制と隷従、圧迫と偏狭」とは帝国主義やファシズムやナチズムを指すのであり、第二次大戦はそれらを排除するための民主主義の連合国の側の勝利であったとされるが、戦後世界になると、ソ連や中国等の社会主義も「専制と隷従、圧迫と偏狭」であるとする自由主義陣営が「封じ込め」政策を実施して、いわゆる東西冷戦の時代となった。

　アメリカの軍事力、経済力を要とするパクスアメリカーナ体制が、社会主義陣営も含めて世界全体のシステムを指すのか、あるいは東西対立の自由主義陣営の側のシステムを指すのか悩むところであるが、いずれにしても、戦後日本はパクスアメリカーナの中に取り込まれ、しかも、市場経済と民主主義の経済社会システムを発展させるべく、パクスアメリカーナの提供する好条件を活用することができた。石油や鉄鉱石等の資源を安価に確保し、またアメリカの広大な市場への輸出も可能であった。さらに日本国憲法の第9条は、日米安保条約によるアメリカ軍の安全保障とセットになり、日本の経済力を国内の経済発展に集中させることを可能にした。

　経済発展の第2の要因は、国内の経済社会システムであった。協調的労使関係と企業内規律[6]、社会的規律と安全・安心の秩序

---

5) 基軸国アメリカが主導するパクスアメリカーナの国際秩序や、日本国内の諸要因がうまくかみ合うことで、戦後日本経済が再建され、成長軌道に乗っていくプロセスについては、渋谷博史・丸山真人・伊藤修編（2001）を参照されたい。

維持スキームが個人や企業の経済活動を円滑にして、様々なリスクがもたらす不必要な費用を節約させた。その安全・安心の社会システムの中で、農業・農村のコミュニティから、都市部の市場経済的な製造業やサービス部門に大量の労働力が供給された。

　第3に、その成長促進的な国内システムにおいて特に注目したいのが、福祉国家の役割である。いわゆる「右肩上がり」の経済成長の中で企業が成長して雇用も増大し、それに伴って、その雇用関係を軸とする社会保険（年金、医療保障等）を中心とした社会保障が体系的に整備され、それは、上述の大内勧告で提言、予測された構造であった。

　日本国憲法第25条の「健康で文化的な最低限度の生活」を確保するために、老齢による所得喪失、病気による多額の出費というリスクに対する保障を、大内兵衛の言う「国民の自主的責任の観念」に基づく社会保険で実施したのであり、より具体的には加入者自身の保険料納付の記録が受給権の根拠となる方式である。社会保障の拡充によってもたらされる「安心のスキーム」は企業内の協調的な労使関係や、社会集団の間の安定的な関係の維持に寄与し、さらにその労使関係や社会集団間の関係が企業や金融機関の投資を促進する環境をもたらした[7]。

---

6)　C. ウェザーズ（2001）を参照されたい。

7)　日本福祉国家には、食管制度の農業保護策や「土建国家」メカニズムによる非都市部優遇のインフラ投資によって、大都市圏の「豊かな社会」からの税収を、非大都市圏に再配分するスキームがあり、それが社会集団間の協調的かつ安定的な関係の基盤となった。田中角栄（1972）、J. カーティス・石川真澄（1983）等を参照されたい。

図表 1-3　社会保障給付費の部門別推移（対 GDP 比率）

| 年度 | 社会保障給付費 対 GDP 比率（%） | | | | | GDP（億円） |
	合計	医療	年金	福祉等	介護対策	
1955	4.53	2.23	2.30			85,979
1960	3.93	1.76	2.16			166,806
1970	4.68	2.76	1.14	0.79		752,985
1980	10.04	4.33	4.16	1.54		2,483,759
1990	10.50	4.12	5.26	1.11		4,516,830
2000	14.58	4.95	7.54	2.10	0.61	5,376,162
2005	16.64	5.38	8.63	2.62	1.10	5,341,097
2010	20.87	6.66	10.34	3.86	1.49	5,048,721
2015	21.60	7.13	10.00	4.47	1.76	5,407,394
2019	22.24	7.31	9.95	4.98	1.93	5,573,065

出所：国立社会保障・人口問題研究所（2022）令和2年度　社会保障
費用統計の第9表より作成。

　次に図表 1-3 で、社会保障給付費の対 GDP 比率の推移をみよう[8]。

　第1に、1960 年に 3.93％であったのが、1970 年 4.68％、1980 年 10.04％へと上昇している。先にみたように長期的な経済発展によって「豊かな社会」が形成される中で、年金や医療の社会保険を中心に社会保障全体が絶対的にも相対的にも増大したと言えよう。1960 年代初頭に皆年金皆保険が実現し、1970 年代前半には老人医療関係を中心に医療保障が拡充され、年金の給付水準も引き上げられ、また社会福祉の領域も拡充された。

　第2に、1980 年代はそれまでと少し違う動きがみられる。1970

---

8)　以下の各時期の概略については、厚生労働省（2011）の第1部「社会保障の検証と展望：国民皆保険・皆年金制度実現から半世紀」が大いに参考になる。

年 4.68％ から 1980 年 10.04％ へと 1970 年代には 2 倍以上の伸び
であったが、1980 年代には 1980 年 10.04％ から 1990 年 10.50％
へと 1.05 倍にとどまっている。それは、図表 1-4 にみるように、
65 歳以上の高齢者人口が 1970 年の 739 万人から 1980 年に 1,065
万人へ、さらに 1990 年には 1,489 万人に増加するというように、
人口高齢化が進行する中で（同図表で高齢者人口の比率をみると
1970 年 7.1％、1980 年 9.1％、1990 年 12.1％）、年金・医療等の
社会保障費の膨張を抑制する対策が実施されたからである（第 2
章及び第 3 章で詳しく検討する）。

　第 3 に、上にみたマクロ的な数値の背後で進行する日本の経済
社会の構造変化と社会保険を主軸とする福祉国家の役割について
考えておく必要がある。周知のように、戦後日本の長期的な経済
発展の中で農業・農村の若い労働力が、大都市圏の非農業部門
（工業、サービス業、情報関連等）に移動したが、それは同時に、
農業・農村におけるコミュニティを弱化させた[9]。一般的に、資
本主義的市場経済から景気循環や病気等の理由で放出される失業
者や、加齢による老齢退職者を農業・農村のコミュニティ機能が

---

[9]　戦後の長期的な経済発展に伴う負の側面について以下の文献や映画が参考に
　　なる。地域間格差や過密及び過疎問題については田中角栄（1972）や J. カーテ
　　ィス・石川真澄（1983）、農業・農村に基礎を置く家族やコミュニティの紐帯
　　が弱まるプロセスについては加瀬和俊（1997）や映画『故郷』（山田洋二監督、
　　瀬戸内海の小さな運搬船の自営業者が重厚長大の工業化の波に敗れて工場労働
　　者に転職して故郷を離れる最終場面が印象的である）やアニメ映画『平成狸合
　　戦ぽんぽこ』（高畑勲監督、地方出身者のために東京郊外に建設される大規模
　　団地の故に地元の狸に具象化される自然やコミュニティが犠牲にされる）を参
　　照。

図表 1-4　人口高齢化

	総数	0 〜 14 歳		15 〜 64 歳		65 歳以上		65 〜 74 歳		75 歳以上	
	万人	万人	%	万人	%	万人	%	万人	%	万人	%
実績											
1950	8,411	2,979	35.4	5,017	59.6	416	4.9	309	3.7	107	1.3
1960	9,430	2,843	30.1	6,047	64.1	540	5.7	376	4.0	164	1.7
1970	10,467	2,515	24.0	7,212	68.9	739	7.1	516	4.9	224	2.1
1980	11,706	2,751	23.5	7,883	67.4	1,065	9.1	699	6.0	366	3.1
1990	12,361	2,249	18.2	8,590	69.7	1,489	12.1	892	7.2	597	4.8
2000	12,693	1,847	14.6	8,622	68.1	2,201	17.4	1,301	10.2	900	7.1
2010	12,806	1,680	13.1	8,103	63.8	2,925	23.0	1,517	11.8	1,407	11.0
2015	12,709	1,589	12.5	7,629	60.0	3,347	26.3	1,734	13.6	1,613	12.7
2020	12,615	1,503	11.9	7,509	59.5	3,603	28.6	1,742	13.8	1,860	14.7
予測											
2025	12,254	1,407	11.5	7,170	58.5	3,677	30.0	1,497	12.2	2,180	17.8
2050	10,192	1,077	10.6	5,275	51.8	3,841	37.7	1,424	14.0	2,417	23.7

出所：内閣府（2022）の図表 1-1-1 より作成。

吸収してきたが、非農業部門の市場メカニズムが社会全体を覆うようになると、市場経済に対する緩衝材の機能を果たすのは農業・農村だけでは不十分になった。そして、市場経済の側が費用負担して福祉国家システムが要請されるのであり、上にみた戦後日本の経済発展と福祉国家の構築も、そういう意味を持つと考えられる。

　ところが、1990 年代に入るあたりから、グローバル化と高齢化という条件変化により、日本福祉国家の転機が来る。項を改めて検討しよう。

1.3.2　21 世紀のグローバル化と高齢化のインパクト

　1990 年代初めからの四半世紀を超える経済停滞と人口高齢化の

急速な進行の中で、20世紀型福祉国家の効率化への再編が強く求められている。前項でみた戦後日本の経済発展を可能にした条件は大きく変化した。

　第1に、1990年あたりにソ連等の社会主義陣営が崩壊して東西対立、冷戦が終結してから、アメリカを基軸国とするパクスアメリカーナの国際システムが地球上に全面的に展開するというグローバル化のもとで、パクスアメリカーナの中で市場経済と民主主義の経済社会システムを構築するための好条件が提供される対象が、第二次大戦の敗戦国である日本から旧社会主義国や途上国にシフトした。

　すでに1980年代から台湾や韓国を先頭として東アジア及び東南アジアの諸国の経済のテイクオフが始まっており、また1970年代末から社会主義国の中国でも改革・開放が進められていた[10]。そして1990年代からのグローバル化の中で中国を軸とする東アジアの分業システムが拡大し、かつてアメリカ向けの輸出のビジネス・チャンスが日本の経済発展を誘導したように、東アジア分業システムの全体を拡大させるようになり、その分業システムの「最終組立工場」の役割を与えられた中国の社会主義的市場経済を大きく発展させた。

　第2の停滞要因は、そのグローバルな再編に対応すべき日本国内の構造変化がうまく実現できなかったことである。例えばアメリカの場合には、グローバル化の中で、国内経済を「産業（製造業）空洞化」とサービス化と高度知識産業の育成という方向に向

---

10)　中国の改革・開放以降の歴史推移については渋谷博史・河﨑信樹・田村太一編（2013）を参照されたい。

けて着実かつスピーディに再編が進められた。日本も同様の方向
に進むべきであったが、スムーズに実現できていない。鉄鋼業等
の重厚長大産業は中国向けの輸出で回復していたが、中国等の東
アジア諸国で自給できるようになると国際競争力を失い始めてい
る。IT 産業の素材供給や家電でも同様に日本企業の事業規模が
縮小している。

　この時期の第 3 の要因は先の図表 1-4 の人口動向である。65
歳以上の高齢者は 1990 年に 1,489 万人（高齢化率 12.1％）、2000
年に 2,201 万人（17.4％）、2010 年に 2,925 万人（23.0％）、2015
年に 3,347 万人（26.3％）に増加した。さらに 75 歳以上の後期高
齢者だけを取り出すと、1990 年に 597 万人（対人口比率 4.8％）、
2000 年に 900 万人（7.1％）、2010 年に 1,407 万人（11.0％）、2015
年に 1,613 万人（12.7％）に増加している。高齢者の増加は年金
給付の増加をもたらし、さらに高齢化の中でも特に後期高齢者の
増加によって医療及び介護サービスの需要も増大し、前出図表
1-3 にみるように、社会保障給付費の対 GDP 比率は 1990 年の
10.50％から 2015 年の 21.60％へと倍増した。

　こうして、上述の海外の資源・素材を輸入して国内の重厚長大
産業を経てアメリカ等への輸出を軸とする経済発展パターンから、
高齢者向けの福祉国家の拡充に誘導される国内消費を軸とするパ
ターンへと変化したのである。高齢者層を中心とする巨額の貯蓄
は国内の民間投資に回らず、福祉国家システムの財政赤字を賄う
という資金循環によって、その構造変化が支えられた。

　このように日本福祉国家が日本経済の基調変化の中で果たした
役割について、もう少し立ち入って考えておこう。

　第1に、前出図表1-3にみるように、社会保障給付費の対GDP
比率は1990年度の10.50％から2000年度に14.58％、2010年度
に20.87％、2015年度に21.60％、2019年度に22.24％に増加し、
1980年代の抑制基調から再び膨張の軌道に戻っている。その中
で年金は5.26％から9.95％に、医療は4.12％から7.31％に、「福
祉等」は1.11％から4.98に増加している。社会保障給付費全体
の増加11.14ポイントに占める比率（増加寄与率）を算出すると、
年金は40％、医療は27％、「福祉等」は33％であり、医療が相
対的に抑制されたようにみえるが、第4章で検討されるように、
2000年から実施された介護保険によって、それまで医療保険で
賄われていた老人医療サービスの中から介護サービスに移された
部分がかなり大きかったことに原因があると思われる。「福祉等」
における3.87ポイントという大幅な増加には、介護保険の創設
によって医療保険から移動した部分に加えて、介護需要の顕在化
による部分もある（第4章で検討される）。同図表の介護対策
（福祉の内数）は2019年度に1.93％であり、1990年からの「福
祉等」の増加分3.87ポイントの5割を占めている。

　年金の増加は人口高齢化に伴うものであり、もう少し立ち入れ
ば、戦後の長期的かつ持続的な経済発展の中で右肩上がりの所得
を反映する社会保険料の納付記録を有する高齢退職者が増加する
ことで給付水準が上昇したことも原因である。医療及び介護保険
については、前出図表1-4にみるように、人口高齢化の進行の中
でも75歳以上の後期高齢者が1990年の597万人（対人口比率
4.8％）から、2000年に900万人（7.1％）、2010年に1,407万人
（11.0％）、2015年に1,613万人（12.7％）、2019年に1,860万人

（14.7％）に増加しており、そのことが増加傾向を一層押し上げる圧力になった。

第2に、このような膨張圧力の強まりに対して抑制や合理化や効率化の対策が模索されたが、結果的にあまり効果がなかった。本章第1節で検討したように、日本の平和主義的な民主国家を支える最も重要な制度は、最高の国権たる国会の議員の選挙であるが、その国会議員選挙が数年ごとに実施されるので、国民の痛みを伴う政策選択が困難になるという弊害も指摘される。右肩上がりの経済発展の中では給付拡充のための租税や社会保険料の引上げは受容されるが、経済停滞の長期化の中では、社会保障給付の切下げも負担の引上げもなかなか実施できないのは、周知のとおりである。

ただし、財源的な制約から費用節約の圧力が強まるときには、合理化の改革は促進される。例えば、老齢の入院患者が医療面からは退院が可能になったにもかかわらず、退院後の介護サービスが不十分なために入院生活を続けるという「社会的入院」は、その老齢者本人にとって最適なサービスが提供されず、またその最適でないサービスが割高な医療サービスという不合理を生み、さらに次の患者に対する適切な医療サービスの機会を奪うことになる。そういう意味で2000年実施の介護保険は費用節約的であると同時に、それ以上に合理的な改革であると評価しておきたい。

第3に、それでは1990年代以降の経済停滞期における社会保障の膨張に対する不十分な抑制策は、現代の大衆民主主義による失敗であろうか。本章執筆者（渋谷）の見解は、市場経済と民主主義の経済社会システムに内蔵される福祉国家の機能が正しく現

れているというものである。日本福祉国家は一方で膨大な財政赤字を抱えながらも、20世紀後半の経済発展の中で構築した仕組みを堅持して、上述のグローバル化の中で日本に迫られている国内再編をできるだけショックの小さい形と速度で実行するための緩衝材として機能している。

　たしかに、寛大な福祉国家を維持するために膨大な財政赤字を累積することのリスクは大きいが、日本の民主国家が国民の総意に基づいて、グローバル化に対応する国内再編のためにショック緩衝材として、それを活用することを選択しているのであり、それが歴史的な転機における政治であろう。

1.4　分立的な制度デザインと財政構造

　21世紀のグローバル化に対応する国内再編のためにショック緩衝材として機能する福祉国家の中核をなす社会保障システムの編成と財政構造を、図表1-5（2019年度、対GDP比率）で検討しよう。

　第1に、最左欄をみると、大きな項目として社会保険（年金保険、医療保険、介護保険等）と「広義の社会福祉」（生活保護、福祉サービス等）と「他の社会保障制度」（小規模な諸制度）がある。本章では収入の中に「拠出」（社会保険料）を含むものを社会保険とし、含まないものを「広義の社会福祉」と定義している[11]。

---

11)　「他の社会保障制度」にまとめられた諸制度には小規模の社会保険が含まれている。

図表1-5 社会保障システムの構造

	拠出		国庫負担	他の公費負担	その他	小計
	被保険者	事業主				
社会保険	6.99	6.18	4.78	1.71	1.15	20.8
健康保険						
（A）全国健康保険協会管掌健康保険	0.96	0.94	0.23		0.01	2.1
（B）組合管掌健康保険	0.77	0.90	0.01		0.08	1.7
国民健康保険	0.56		0.67	0.32	0.13	1.6
後期高齢者医療制度	0.23		0.95	0.52	0.10	1.8
介護保険	0.43		0.46	0.58	0.06	1.5
厚生年金保険	2.93	2.93	1.81		0.04	7.7
厚生年金基金	0.01	0.01				0.0
国民年金	0.24		0.33		0.19	0.7
日本私立学校振興・共済事業団	0.07	0.07	0.02		0.02	0.2
雇用保険	0.10	0.20	*		0.15	0.4
労働者災害補償保険		0.15	*		0.06	0.2
児童手当		0.15	0.21	0.15	0.05	0.5
国家公務員共済組合	0.18	0.21	0.05		0.04	0.4
地方公務員等共済組合	0.49	0.57		0.13	0.21	1.4
その他	0.02	0.04	0.03	0.01	*	0.1
社会福祉（広義）			1.35	0.85		2.2
公衆衛生			0.10	0.04		0.1
生活保護			0.49	0.16		0.6
社会福祉（狭義）			0.71	0.65		1.3
雇用対策			*	*		*
戦争犠牲者			0.05			0.0
他の社会保障制度		0.11	0.04	0.58	0.01	0.74
地方単独事業（再掲）				0.56		0.56
総　　計	6.99	6.29	6.17	3.14	1.16	23.75

出所：国立社会保障・人口問題研究所（2020）の主計表2より作成。

備考：*は 0.005 未満。

019 年度、対 GDP 比率)　　　　　　　　　　　　　　　　　　　　(%)

他制度からの移転	収入合計	給付				その他	小計	他制度への移転	支出合計	収支
		医療	年金	その他	小計					
7.96	28.77	6.55	9.83	3.04	19.42	2.13	21.55	7.97	29.52	−0.76
	2.14	1.10		0.06	1.16	0.04	1.20	0.84	2.04	0.10
	1.76	0.75		0.05	0.79	0.07	0.86	0.78	1.65	0.11
0.63	2.31	1.66		*	1.67	0.11	1.77	0.44	2.22	0.10
1.17	2.97	2.82		0.01	2.83	0.08	2.91		2.91	0.07
0.50	2.03			1.89	1.89	0.07	1.95		1.95	0.07
0.88	8.59		4.22	0.01	4.23	1.46	5.69	4.32	10.01	−1.42
0.05	0.07		0.17	*	0.18	0.07	0.24	*	0.24	−0.18
3.86	4.61		4.26	*	4.26	0.11	4.37	0.10	4.47	0.14
0.05	0.25	0.03	0.06	*	0.09	*	0.09	0.13	0.22	0.03
	0.45			0.35	0.35	0.03	0.38		0.38	0.07
	0.22			0.16	0.16	0.02	0.18	*	0.19	0.03
	0.56			0.48	0.48	0.01	0.49		0.49	0.07
0.20	0.69	0.05	0.26	*	0.31	*	0.31	0.37	0.68	0.01
0.62	2.02	0.14	0.79	0.02	0.94	0.01	0.95	0.97	1.92	0.10
	0.10	*	0.07	0.01	0.09	0.06	0.15	0.01	0.16	−0.06
	2.20	0.51	0.03	1.58	2.12	0.08	2.20		2.20	
	0.14	0.08	*	0.04	0.12	0.01	0.14		0.14	
	0.65	0.33		0.32	0.65	0.01	0.65		0.65	
	1.37	0.10		1.21	1.31	0.06	1.37		1.37	
	*			*	*	*	*		*	
	0.05	*	0.03	0.01	0.04	*	0.05		0.05	
	0.74	0.20	0.01	0.48	0.69	0.03	0.72		0.72	0.02
	0.56	0.19		0.35	0.55	0.02	0.56		0.56	
7.96	31.71	7.26	9.87	5.10	22.24	2.24	24.48	7.97	32.45	−0.74

　第 2 に、収入合計の欄の最下段が 31.71％であるが、それから
「他制度からの移転」（同図表の中の社会保険のそれぞれの制度間
の資金移転、7.96％）を差し引くと、収入の小計の最下段の 23.75
％になる。すなわち、重複分を差し引いた社会保障システム全体
の純収入が GDP（日本経済の規模）のおおよそ 4 分の 1 という
ことになる。同様に、支出合計の総計 32.45％から「他制度への
移転」（7.97％）を差し引いた純支出（支出小計の総計）は 24.48
％である。

　第 3 に、支出小計における「社会保険」の段は 21.55％であり、
「社会福祉（広義)」の段は 2.20％、「他の社会保障制度」の段は
0.72％であるので、日本の社会保障システムにおいて社会保険
（大内兵衛の言う自主的責任の仕組み）が 9 割近くを占めており、
補完的な社会福祉が 1 割程度と言えよう。

　第 4 に、支出の最大項目は年金であり、その総計の対 GDP 比
率は 9.87％である。国民年金（基礎年金）と厚生年金（民間被用
者年金 2 階部分）が主柱であり、それ以外に厚生年金基金や公務
員共済組合等にも年金がある（2019 年度時点）。その後、公務員
共済組合等が厚生年金に統合されるが、詳しくは第 2 章を参照さ
れたい。

　第 5 に、医療の総計の対 GDP 比率は 7.26％であり、その中で
後期高齢者医療制度（75 歳以上、2.82％）が最大の制度であり、
国民健康保険（自営業者等、1.66％）、民間被用者の協会健康保
険（1.10％）、組合健康保険（0.75％）が続いている。それ以外に
も職域団体の私学共済事業団、公務員共済組合にも医療がある。
年金と医療の社会保険の分野におけるこれらの分立する制度のシ

ステムについては、第2章及び第3章で詳しく検討される。また生活保護における医療の0.33％も目立っており、貧困層の医療保障については第5章で検討される。

　第6に、収入面の項目をみると、拠出（社会保険料）には被保険者と事業主（雇用主）があるが、自営業者等の国民健康保険の場合は被保険者のみである。国庫負担は国の一般会計からの財政資金、「他の公費負担」は地方公共団体（都道府県、市町村）の一般会計からの財政資金であり、資産収入は主として年金制度における積立金の運用収益である。

　第7に、「他制度からの移転」及び「他制度への移転」の項目が興味深い。医療保険の分野を例にとると、最大規模の後期高齢者医療制度の収入面では、75歳以上の被保険者の社会保険料（0.23％）に対して、国費負担（0.95％）と他の公費負担（地方公共団体、0.52％）、さらに「他制度からの移転」（1.17％）がある。その「他制度からの移転」は、協会健康保険や組合健康保険や国民健康保険の75歳未満世代からの財政支援であり、支出面のそれらの制度の「他制度への移転」から投入されている。国民健康保険の収入にも「他制度からの移転」（0.63％）があるが、それは、国民健康保険の中で運営される前期高齢者医療制度（65-74歳）に対する他制度からの財政支援であり、後期高齢者医療制度の場合と同様に協会健康保険や組合健康保険の支出の「他制度への移転」から投入される。

　医療保険分野の財政調整は、財政的基盤の強い制度から弱い制度への支援である。例えば、組合健康保険（主として大企業）では社会保険料の拠出（1.67％；被保険者の0.77％と事業主の

0.90％）が収入合計（1.76％）に占める比重は9割以上であり、そこから制度内の医療給付（0.75％）を賄った上に、「他制度への移転」（0.78％）を投入している。協会健康保険（主として中小企業）では、社会保険料（1.90％；被保険者の0.96％と事業主の0.94％）に国庫負担（0.23％）を加えた収入合計（2.14％）から、制度内の医療給付（1.10％）を賄った上で、「他制度への移転」の0.84％を投入している。

　他方、自営業者に加えて無業者等もカバーする国民健康保険の場合には、事業主（雇用主）による拠出がないので、社会保険料は被保険者（0.56％）のみであり、それに対して政府部門の財政資金（国庫負担）の0.67％、「その他の公費」（地方公共団体）の0.32％、さらに「他制度からの移転」（0.63％）もあるので、収入全体の対GDP比率は2.31％になる。支出面をみると、制度内の医療給付（1.66％）を賄った上で、「他制度への移転」（0.44％）もあるが、それは、上述のように、後期高齢者医療制度への支援分である[12]。

　上にみたように、医療分野における財政調整の特徴の1番目は、一人当たり医療費が高い後期高齢者医療制度に対する財政資金の投入（国庫負担と他の公費負担）に加えて、協会健康保険や組合健康保険、国民健康保険の現役世代からも手厚い財政支援があることである。2番目に、その協会健康保険や組合健康保険、国民健康保険の間でも、前期高齢者医療制度をかかえる国民健康保険

---

[12]　この「他制度への移転」には、国民健康保険料と同時に徴収した介護保険の第1号被保険者の介護保険料（各市町村の介護保険特別会計に移転される）が含まれているが、詳細は第4章を参照されたい。

に対して相対的に厚い財政資金の投入があり、また協会健康保険や組合健康保険からも支援がある。さらに3番目に、協会健康保険（主として中小企業）には財政資金（0.23％）が投入されているが、相対的に財政基盤が強い組合健康保険（主として大企業）にはほとんど投入されていない。年金分野についても、全国民を対象とする基礎年金制度を軸とする財政調整があり、財政資金や制度間支援が投入されており、詳しくは第2章を参照されたい。

　第8に、分立的な社会保険システムに精緻な財政調整のメカニズムが内蔵されたのは、「健康で文化的な最低限度の生活」という憲法の理念を国民全体に実現するためであるが、さらにその社会保険システムから取り残されるリスクにある人々のための補完的な「広義の社会福祉」の諸制度も構築され、それらすべてによって日本の社会保障システムが形成されている。

［補論：少子化対策と児童福祉］

　前出図表1-4の元資料である『令和4年版　少子化社会対策白書』は、少子化社会対策基本法の第9条に基づいて作成される報告書である。その白書の冒頭に掲げられる少子高齢化の長期的な人口変動のグラフ（その白書の図表1-1-1）は、少子化対策の必要性を強く印象付けるものである。しかし、本書では、日本国憲法の理念を具体化する社会保障を説明するという基本的スタンスから、少子化対策と児童福祉は本質的な目的が異なっていることを確認しておきたい。

　第5章で説明されるように、児童福祉は本来的に、未成人の国

民の人間的尊厳を護り、日本国憲法で表現される民主主義的な平和国家を担う国民に成長してもらうための政策分野である。そのためには、日本国憲法の第 25 条の「健康で文化的な最低限度の生活を営む権利」を具体化する社会福祉システムの一環としての児童福祉だけではなく、第 26 条の義務教育の分野も重要である。それは、第 27 条における国民の「勤労の権利と義務」を果たすために必要な勤労の能力や意欲を養うことにもつながる。

　他方、少子化対策の目的は、急速な少子化が及ぼす「国民生活に深刻かつ多大な影響」に対処して、「国民が豊かで安心して暮らすことのできる社会」を実現することである（少子化社会対策基本法第 1 条）。そして、同法第 2 条では「施策の基本理念」として、第 1 に「父母その他の保護者が子育てについての第一義的責任を有するとの認識」が確認され、第 2 に「人口構造の変化、財政の状況、経済の成長、社会の高度化」という状況の下で、第 3 に「子どもの安全な生活が確保されるとともに、子どもがひとしく心身ともに健やかに育つ」ことに配慮して、第 4 に「社会、経済、教育、文化その他あらゆる分野における施策は、少子化の状況に配慮して、講ぜられなければならない」という 4 点が掲げられている。

　すなわち、子供が少なくなるという社会変化を逆転させる目的のために、「第一義的責任」を負う保護者に対する支援策を、「あらゆる分野」の政策手段を動員して体系的に構築するが、その与件として 21 世紀の経済環境や財政状況の悪化等の制約条件もある中で、「子供の安全と健やかな成長」の政策を主軸とすると解釈できる。

　その「子供の安全と健やかな成長」の政策が、児童福祉と義務教育の分野である。本書では、第5章で児童福祉を日本国憲法に基づく人間的尊厳という理念から説明するが、教育分野については扱わない。しかし、たしかに、妊娠から出産、乳幼児の育児、さらには児童医療の無料化という分野に加えて、幼稚園・保育園から小学校、中学校、高校、大学という日本の教育システムにおける経済格差がもたらす不平等は、少子化傾向に大きな影響があるに違いない。

　山田昌弘（2020）は、「現代の日本の少子化の根本原因は、経済格差が拡大しているにもかかわらず、大多数の若者は中流意識を持ち続けて」いることとする（163頁）。そして、その具体的な経済状況について的確に説明している（174-175頁）。

　　1990年代から……グローバル化やサービス産業化、IT化などが進み、「グローバルに働く生産性の高い労働者」が増える一方で、「生産性の上がらない単純労働者、サービス労働者」の需要が増え、労働環境の二極化が進行する。それに伴って、様々な経済規制緩和が進み、派遣社員などの非正規社員が増大し、零細労働業に対する保護が弱まっていく。

　　しかし、終身雇用、年功序列の労働慣行は変わらなかったので、増える非正規労働の需要は、若者に押し付けられることになる。また、低収入の正社員も増える。……非正規社員であれば、収入は相対的に低く、雇用は保障されず、社会保障での優遇措置は少ない。また、自営業でも、零細自営業の事業継続が難しくなる。

すなわち、21世紀の構造的な格差拡大が少子化の根本原因と

いう指摘を無視して、あるいは、それを解決せずに児童手当や保育サービスを増やすだけの政策システムでは根本的に不充分であるとしている。さらに山田昌弘（2020）の分析は深化する（185頁）。

　　若者は、上の世代を見ている。10年前に非正規雇用になった若者、不安定な中で子育てをしている中年世代、そして、貧困化する高齢者を見ている。そうならないために、結婚や出産に慎重になっている。

　　仕事においてやり直しがきいて、不利にならない職業環境、とも働きがしやすい社会環境、いざとなった時には社会保障で自立に向かってスタートが切れる——それは、「子供につらい思いをさせなくて済む」生活水準でなければならない。

　その通りであると深く納得できる分析と主張である。しかし、そんな理想的な解決策が実現できる経済環境、あるいは世界構造が存在するのであろうか。もしグローバルな国際競争の故に無理ということになれば、少子化傾向を逆転させることも無理であり、さらに言えば、21世紀の厳しい経済社会の条件下に順応するために少子化の行動があるとみるべきであろうか。

　しかし、本書第5章で考察する児童福祉は、そのような不利な環境の下でも生まれてきてくれた世代について、日本国憲法や児童福祉法に基づいて、「人間としての尊厳」を護るための政策分野である。

　＊本章の執筆分担は、中浜隆（第2節）、渋谷博史（第1節、第3節、

第 4 節）である。

第 1 章参考文献

C. ウェザーズ（2001）「収斂と限界：戦後日米の金属機械産業における労使関係の比較」渋谷・丸山・伊藤編（2001）所収

大内兵衛（1930）『財政学大綱』岩波書店

加瀬和俊（1997）『集団就職の時代』青木書店

J. カーティス・石川真澄（1983）『土建国家ニッポン 』光文社

厚生労働省（2011）『厚生労働白書平成 23 年版』

国立社会保障・人口問題研究所（2020）『平成 30 年度社会保障給付費』

国立社会保障・人口問題研究所（2022）『令和 2 年度社会保障費用統計』

渋谷博史（2005）『20 世紀アメリカ財政史』（Ⅰ、Ⅱ、Ⅲ）東京大学出版会

渋谷博史（2014a）『21 世紀日本の福祉国家財政（第二版)』学文社

渋谷博史（2014b）『福祉国家と地域と高齢化（改訂版)』学文社

渋谷博史・井村信哉・中浜 隆編（1997）『日米の福祉国家システム』日本経済評論社

渋谷博史・内山 昭・立岩寿一編（2001）『福祉国家システムの構造変化』東京大学出版会

渋谷博史・河﨑信樹・田村太一編（2013）『世界経済とグローバル化』学文社

渋谷博史・丸山真人・伊藤 修編（2001）『市場化とアメリカのインパクト』東京大学出版会

社会保障制度審議会（1950）『社会保障制度に関する勧告』

田中角栄（1972）『日本列島改造論』日刊工業新聞社

内閣府「1998 年度国民経済計算（1990 年基準・68SNA)」

内閣府（2015）『高齢社会白書平成 27 年版』

内閣府「2020 年度国民経済計算（2015 年基準・2008SNA）」
内閣府（2021）『令和 3 年版高齢社会白書』
内閣府（2022）『令和 4 年版少子化社会対策白書』
山田昌弘（2020）『日本の少子化対策はなぜ失敗したのか？』（光文社）

第2章　年金システム
——市場経済と労使関係を基盤として

吉田　健三

2.1　年金システムの意義と役割

　市場社会では勤労による稼得が生活の基盤となるため、「稼得能力の喪失」は深刻なリスクである。年金システムは、このリスクへ対応する社会的な仕組みであり、公的年金、企業年金や退職金などの雇用主提供の給付・貯蓄支援制度などから構成される。稼得能力が失われる状況とは、老化に伴う退職、怪我や病気による障害、そして世帯の稼ぎ主が死亡する事態などである。多くの国の公的年金は、これらの状況に対応して老齢年金、障害年金、遺族年金といった複数の給付から成り立っている。この章では、公的年金の中心である老齢年金を主たる対象として、日米の比較も踏まえつつ、その形成の歴史や制度を説明し、課題などを検討していく。

　具体的な日本の公的年金の考察に先立ち、まず私的年金を含む年金システムを形成する2つの歴史的要因を見ていきたい。

　第1の要因は、産業革命以来の工業化に伴う社会的要請である[1]。技術と生産力の発展、さらに栄養、衛生環境の向上に伴い平均寿命は伸長し、「老後」は多くの者にも現実的な未来となっ

---

1)　このような年金システムの歴史的理解は、渋谷博史（2005）における福祉国家の定義を参考にした。

た。他方、工業化によって多くの人々が市場経済での稼得を頼り
に生活するようになるとともに、農村から都市部への大量の人口
移動により、以前であれば稼得能力を失った者、例えば帰郷者な
ど、を受け入れ、支えていた地域共同体や家族の相互扶助機能は
低下していった。困窮する高齢者の増大は工業社会に共通の問題
といえる。このような市場経済の普及・浸透に伴って低下した共
同体や家族の機能を代替・補完し、その衝撃を緩和する仕組みと
して、年金システムが社会的に要請されることになる。

　第2の要因は、企業など諸集団による福利厚生の提供である。
年金制度、特に企業年金など私的な制度は、市場経済を外部から
補う社会的な機能を持つだけではなく、ある種の労務管理手段と
して、より積極的に労働力の円滑な代謝と市場経済の成長を支え
る機能を持っている。

　その機能の一つは定年退職や人員整理の円滑化である。労働者
の勤務能力の喪失ないし低下は、雇用主にとっても深刻な問題で
ある。身体能力や判断力が労働において重要となる工業社会では、
これらの能力の衰えた労働力を抱え続けることは雇用主にとって
負担であり、事故の危険も高くなる。しかし、身体能力の低下や
年齢を理由に被用者を何の保障もなく機械的に解雇し、放逐し続
けることは、職場のモラールに致命的な影響を与えかねない。年
金は稼得能力の喪失を一部保障することで定年退職制を可能とし、
労働力の新陳代謝を円滑化する機能を持つ。さらに、退職金や年
金制度は不況期など余剰人員を整理する際の補償手段としても機
能する。

　もう一つの機能は構成員の囲い込みである。特定の被用者集団、

労働組合員、産業労働者を対象とした年金給付は、その対象外の労働者と自らを区別する特権的な労働条件として、その集団や雇用主企業に対する帰属心や忠誠心の調達、あるいは宥和の手段となる。遠い将来に対する約束である年金給付は、直近の高賃金や好待遇と比べて強い囲い込み効果が期待できる。退職金や個別の企業年金、公務員や軍人への恩給はそのわかりやすい例といえる。個別の企業を超え、より広い保険集団を形成する公的年金もまた、特定の産業あるいは「被用者」といった限定された集団を対象とする場合、囲い込みや宥和の機能を帯びる。

　年金システムは、一方で市場経済の浸透に伴う社会的要請、また他方における福利厚生の提供といった主に2つの圧力のもとで形成されてきた。これらの圧力の現れ方、またその2つの関係の多様性に規定され、その時代の年金政策、さらには各国の年金システムの特質もまた多様なものとなる。

　しかしながら、工業化した諸国の年金システムには共通した特徴も見出される。その最大のものは、公的年金が年金システムの中心的位置にあること、またその多くが「社会保険」の形式をとっていることである[2]。社会保険とは、国民に保険料の拠出を義務付け、政府が定める受給権やその資格の基準に応じて給付を行う制度である。その名称こそ「保険」ではあるが、それは民間の保険商品とは明確に異なる。そこでは保険料とリスク・給付の対応関係は明確ではなく、租税資金の繰り入れを受ける場合も多い。そもそも民間の保険会社は国民に加入を義務付けることはできな

---

2)　民間保険と社会保険の相違は、第1章でより具体的に検討されている。

Column1

アメリカの年金システム

　アメリカの年金システムは、自由と自助といったアメリカ的な価値観を体現している。第1に、政府の強制力の行使は最小限であるべきという思想から、公的年金である社会保障年金の給付水準は低く抑制されている。同制度の給付算定式が目標とする給付水準は、現役時所得に対する比率（所得代替率）で40％を維持している。第2にその社会保障年金の保険料が徴収される対象は、現役の国民全体ではなく稼得者のみに限定されている。このことは、社会保障年金が他の福祉プログラムとは異なり自らの稼得に基づく制度として国民に支持される要因の一つとなっている。

　一方で、「稼得者に対する基礎的保障」という範囲内においては、アメリカの公的年金は顕著な底堅さと広さと手堅さ、すなわち再分配的性格と公平性、普遍性、安定性を備えている。それは低所得者に相対的に有利な給付設計がなされている（本文2.3.2項、図表2-5（b））。また、被用者とそれ以外に大きな扱いの差はない（本文2.2.2項、図表2-1（b））。さらに、稼得者の定義の広さから、現役人口に対する適用率も日本より高い（本文2.4.2項）。

い。政府は、民間保険の運営方法を規制しているが、その具体的内容を定めているわけではない。

　一方で、社会保険の給付は、主として市場経済における稼得所得からの社会保険料の拠出によって得られる「拠出者の権利」に基づくものである。それは、租税資金を原資に、「国民の権利」に基づいて行われる生活保護の給付とも異なる。したがって、社会保険料の未納者は受給権を得られない。この意味で、社会保険

財政面では租税資金の投入を受けず（本文 2.3.3 項）、積立金は国債にのみ投資されるなど（*Column3*）、手堅い運営がなされている。日本では頻繁に年金改革が行われてきた一方、アメリカの社会保障年金は 30 年の間一度も改革されず、その結果、現在の目標給付水準は日本より高い（本文 2.3.2 項）。

　また、当初より公的年金の役割を限定してきたアメリカでは、企業年金など雇用主提供年金が発達した。そこでは経済のグローバル化やサービス化に対応し、伝統的な確定給付型の年金プランから 401 (k) プランに代表される確定拠出型の貯蓄プランへの移行が急速に進んだ。年金制度の福利厚生としての側面は、日本においてはまず退職金に現れ、その後に厚生年金基金を契機として厚生年金に包摂されたが（本文 2.2.3 項）、アメリカでは一階の公的年金と明確に分離した私的な二階部分が形成された。

　このアメリカの明快な公私二層構造と比較することで、日本の年金システムの特質、すなわちそれが高度経済成長期の社会を前提に被用者向けの社会保険を主軸に強固な保障を目指した体系であることが、より鮮明に理解されるだろう。

（吉田健三）

は市場経済の完全な外部に位置する制度ではなく、市場経済における自主的な努力、勤労規範の上に成り立つ制度といえる。

2.2　日本における公的年金の形成史

　日本における公的年金の形成史は、1940 年代の創設期、1950 年代の確立期、1960 年代から 1970 年代までの拡充期、1980 年代

以降の再編期の 4 つの時期に分けられる[3]。

2.2.1　創設期：戦時動員体制としての年金

　日本の公的年金の創設は、まず第二次大戦に向けた労働力の保
全強化、また資金統制など戦時動員体制の一環として進められた。
それは、社会保障の理念に基づくものというより、いわば国家単
位での労働者の囲い込み政策であった。1939 年に船員を対象とし
た船員保険が、翌 40 年に男子工場労働者を対象とした労働者年
金保険が設立され、戦争末期の 1944 年には、その適用範囲は職
員、女子にまで拡大され、名称も厚生年金保険に変更された。

　戦時動員体制の一環としての厚生年金の大きな特徴は、後述す
る積立方式（平準保険料方式）の採用である。強制貯蓄としての
性格から、その保険料は報酬の 6.4％と、戦後復興期の厚生年金
と比べても高めに設定された[4]。また給付開始まで十分な積立期
間を置くため、受給資格要件を得る期間も長く設定された。この
年金の支給開始年齢は 55 歳（坑内夫は 50 歳）であったが、一般
労働者で 20 年（坑内夫で 15 年）保険料を支払わなければ年金給
付が受けられなかった。

　結局、終戦により、この厚生年金の老齢給付は本格的な給付実
績のないまま「冬眠」と呼ばれる機能不全状態に陥ることとなっ

---

　3)　この章で取り扱う事実関係等については、特に断りがなければ、矢野聡
　　（2012）、吉原健二・畑満（2016）を参考としたものである。
　4)　給付水準と保険料方式の設定と積立金の管理をめぐる大蔵省と厚生省の議論
　　については、矢野聡（2012）30-34 頁を参照。一方、当時の厚生年金を戦費調
　　達の目的から捉える見方については批判もある。同 46-47 頁を参照。

た。積立金が敗戦直後の急激なインフレーションの中でほとんど
価値を失ったためである。急速な経済環境の変動下での積立方式
の脆弱性をわかりやすく示した事例といえる。

2.2.2 確立期：戦後復興と「皆年金」

　第二次大戦後、日本の年金システムは、第1章で検討した日本
国憲法や1950年大内勧告で提示された理念に基づく「社会保障」
の一環として整備が進められた。その確立の画期は1954年厚生
年金法改正と1959年国民年金法成立である。

　第1の画期である1954年厚生年金保険法の改正は、「冬眠」状
態にあった厚生年金を新たに再建するものであった。同法は、支
給開始年齢を60歳（坑内夫は55歳）に引き上げるとともに、年
金給付を定額部分と報酬比例部分の二層構成とし、前者の給付月
額2,000円、後者の給付水準を40年勤務で平均報酬月額の20%
とした。保険料は戦後に引き下げられた標準報酬の3%で据え置
かれた。国庫負担は事務費の全額、給付費の20%とされた。

　この包括的な改革は、戦時体制の一翼であった厚生年金を戦後
の理念に基づく社会保障制度へ変質させるものであった[5]。この
改正では、それまでの積立金の価値がほぼ失われているにもかか
わらず、また受給資格要件や給付水準が見直されたにもかかわら
ず、保険料の水準は戦時中の厚生年金の半分以下の3%に設定さ
れている。ここでは強制貯蓄より開始時期の迫りつつあった年金
給付の再整備が優先されている。その結果、年金財政のあり方は

---

5)　矢野聡（2012）101頁。

賦課方式の方向へ、すなわち修正積立方式へ転換した。さらに、最低限の「生計費」の保障という観点から、従来の報酬比例に加えて、定額部分が追加された。

　戦後に厚生年金再整備が要請された背景には、日本国憲法の理念だけでなく、貧困問題がある。工業化の後発国であり、また何より敗戦により焼け野原となった戦後の日本は、先発の西欧社会に比べて極めて貧しい経済状況から出発した。このような状況の中、老齢や戦傷などで稼得能力を失い、また身寄りもない国民の生活は特に困難であった。こうした貧困者を直接救済する制度の一つは、第 5 章で検討する生活保護であった[6]。しかし、第 1 章でも見たように「自主的責任」の観点から、この制度への依存が常態化することは望ましいものではない。公的年金は、自主的責任において貧困に備える社会保障の中心に位置づけられた[7]。

　一方で、戦後における厚生年金の再建には抵抗も少なくなかった。特にその給付水準は、経営者と労働組合双方の抵抗から、生活保護と同程度かそれ以下に抑えられた[8]。こうした抵抗の論拠の一つが各企業の退職金制度であった。退職金制度は、世界恐慌および終戦直後の人員整理の過程において普及し、1951 年時点の調査では 82.3％、従業員 500 人以上の事業所では 95.7％で導入さ

---

6)　その他の保障手段として、1953 年に復活した軍人恩給も挙げられる。

7)　社会保障制度審議会（1950）、いわゆる「大内勧告」では、社会保険と生活保護との関係について、「社会保険制度の拡充に従って、この扶助制度は補完的制度としての機能を持たしむべき」（5 頁）と論じている。

8)　給付水準の議論は矢野聡（2012）97-99 頁、横山和彦・田多英範（1991）145 頁を参照。

れていた[9]。労働者を囲い込み、また定年での解雇を円滑化する退職金は、日本的経営システムの要である「終身雇用」「年功序列」と不可分の価値を持つとされる制度でもあった[10]。経営者団体は、一般的な負担増へ抵抗を示すだけではなく、各社の退職金との調整がなされていないという点からもこの改正に反対し、その後も同様の論拠で厚生年金の拡充に反対を続けた[11]。雇用主らが自前の福利厚生である退職金を重視したことが、公的年金の拡張の障害の一つとなっていた。

　第 2 の画期である、1959 年の国民年金法の成立は、公的年金の適用範囲を被用者以外の一般国民まで拡大するものであった。図表 2-1 （a） が示すように、1958 年国民健康保険法で実現した医療保障における「皆保険」と同様、「国民皆年金」体制が確立する。その本格的施行は、国民健康保険と同じ 1961 年であった。

　皆保険と皆年金は、1950 年大内勧告の時点では遠い理想であった。同勧告は、一般労働者だけではなく一般国民を対象とした「統一的な社会保障」を理想とし、年金保険についても「すべての国民を対象とすることが望ましい」としていた。しかし、被用者以外の一般国民の「経済が窮乏し保険料の負担能力が少ない」との判断から、具体的な提案を被用者の保険に限定していた[12]。

　戦後復興の過程において「皆年金」を強い社会的な要請とした

---

9)　大湾秀雄・須田敏子 （2009） 19 頁。

10)　矢野聡 （2012） 176 頁、横山和彦・田多英範 （1991） 146 頁。

11)　この論拠に基づく、戦前および戦後における産業界の反対については山崎広明 （1985） 177、181、186 頁を参照。

12)　社会保障制度審議会 （1950） 11 頁。

図表 2-1　1980 年代までの日米の公的年金システム

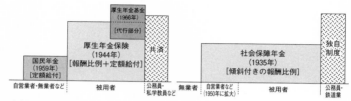

(a)1985年以前の日本　　　　　　　　　　　　(b)1985年頃のアメリカ

※（　）内の年数は根拠法が成立した年。

　出所：各種資料より筆者作成。

のは、不均衡な経済発展に伴う格差の拡大である。1950 年代の戦後復興期、日本経済は驚異的な速度での成長を続けていたが、その内実は不均質なものであった。都市部の大企業を中心とした産業が急速に人口を吸収し、経済成長を牽引する一方で、農村や自営業者など零細企業の多くが成長から取り残され、賃金の企業間格差や所得の地域間格差、過疎が社会的な問題となっていた[13]。

　1959 年に成立した国民年金法は 1961 年から施行された。その内容は 65 歳を支給開始年齢とし、保険料は年齢別の定額で月額 100 円から 150 円、年金給付は拠出 10 年で月額 800 円、40 年で月額 3,200 円とした。また受給資格を得るための要件として 25 年の保険料納付期間が定められた。ただし発足時点で 31 歳を超える者については年齢に応じて最短 10 年まで短縮される。後掲の図表 2-2 が示すようにその保障水準は一般被用者向けの厚生年金

---

13)　経済企画庁（1959）378 頁、横山和彦（1985）22 頁。

より低い。他方、経済力の弱い農家や自営業者の拠出負担に配慮し、国庫負担は給付費の3分の1と厚生年金より高く設定された。さらにこの拠出型の国民年金の給付が本格的に開始されるまでの過渡的措置として、70歳以上の高齢者を対象に国庫負担を財源とした無拠出型の福祉年金が設けられた。

なお国民年金の創設は、1950年の大内勧告が掲げる「統一的な社会保障」の理念とその年金の福利厚生的な側面との妥協でもあった。同審議会の元来の提案は厚生年金の定額部分を、一般国民に適用することによる一元的な皆年金の達成であった[14]。日本と同様、1935年社会保障法で被用者向けの社会保障年金を設立したアメリカの場合、図表2-1（b）に示されるように、1950年社会保障法修正法により、その適用範囲を自営業者や農家へ拡大している。しかし、日本の公的年金拡張の議論においては、この案は経営者団体などの反対により早い段階から退けられていた[15]。厚生年金は、すでに被用者をそれ以外の一般国民と区分するある種の福利厚生制度としての性質を帯びていた。

2.2.3 拡充期：高度経済成長と給付の引き上げ

1965年以降、日本の公的年金は大幅な拡充の時期を迎える。この時期は、公害問題、都市の過密や地方の過疎など、成長に伴う様々な社会問題が露呈し、「社会開発」が「高度成長」に代わる国民統合の新たなキーワードとなりつつあった[16]。また、経済成

---

14) こうした厚生年金拡大論に関しては矢野聡（2012）118頁、駒村康平（2014）132頁を参照。

15) 横山和彦・田多英範（1991）155頁。

長そのものについても、それまで輸出・投資主導、生産第一主義
で日本の経済成長を支えてきたアメリカを中軸とする国際経済環
境が、ニクソン・ショック等を通じて変化しつつあり、再分配政
策を通じた内需による成長パターンへの転換が求められていた[17]。
日本では公共事業、そして年金や医療を含む社会保障の拡充がそ
の主要な手段となった。

　図表 2-2 が示すように、1965 年の改正では「1 万円年金」を目
標に年金給付水準はほぼ倍加した、1969 年には「2 万円年金」を
目標とする制度改正が実施され、1973 年の田中内閣のもとでは
「5 万円年金」が掲げられ、併せてインフレーションに対応する物
価スライド制が導入された。その後も、インフレーションや賃金
上昇に処し、1976 年には「9 万円年金」、1980 年改正では「13
万円年金」と厚生年金の目標給付水準は順調に増加をしている。

　このような拡充の背景には、上記の経済社会環境の変化に加え、
年金システムへの社会的要請に関する以下のような変化があった。
第 1 に人口の高齢化である。1950 年の時点において 65 歳以上の
人口の割合（高齢化率）はわずか 4.9％であったのに対し、1970
年には 7.1％と増加している。第 2 に、家族形態の変化である。
すでに見たように、年金システムを要請する一般的事情は、工業
化、都市化に伴う家族、地域社会での相互扶助機能の弱体化であ
る。後発的かつ急進的な日本の工業化においては、こうした要請
もまた後発的かつ急進的に現れた[18]。第一次産業の就業者は、

---

　16)　山崎広明（1985）201 頁を参照。

　17)　この成長パターンの転換については経済企画庁（1972）および渋谷博史
　　　（2014）7-12 頁を参照。

図表2-2 標準的な年金給付水準の変化

		厚生年金（定額部分＋報酬比例）					国民年金	
	目標	標準的な年金月額（A）	平均標準報酬月額（B）	うち加給部分（C）（第3号分）	所得代替率（世帯）(A/B)	所得代替率（単身）((A-C)/B)	月額（D）	厚生年金との比率 (D/(A-C))
1960	－	¥5,400	¥25,000 ※	¥400	21%	20%	¥2,000	0.37
1965	1万円年金	¥10,400	¥25,000	¥400	42%	40%	¥5,000	0.50
1969	2万円年金	¥19,997	¥38,096	¥1,000	52%	50%	¥8,000	0.42
1973	5万円年金	¥52,242	¥84,600	¥2,400	62%	59%	¥20,000	0.40
1976		¥90,392	¥141,376	¥6,000	64%	60%	¥32,500	0.39
1980	男子平均賃金の60%	¥136,050	¥201,333	¥15,000	68%	60%	¥42,000	0.35
1985		¥176,200	¥254,000	¥50,000	69%	50%	¥50,000	0.40
1989		¥197,400	¥288,000	¥55,500	69%	49%	¥55,000	0.39
1994	可処分所得のスライド導入	¥230,983	¥336,000	¥65,000	69%	49%	¥65,000	0.39
2000	給付乗率5％適正化	¥238,000	¥360,000	¥67,000	66%	48%	¥67,000	0.39
2004	給付の自動調整	¥233,000	¥468,000	¥65,100	50%	36%	¥65,100	0.39
2009		¥223,000	¥429,000	¥65,467	52%	37%	¥65,467	0.42
2014		¥218,000	¥428,000	¥64,100	51%	36%	¥64,100	0.42
2019		¥220,000	¥439,000	¥65,000	50%	35%	¥65,000	0.42

※ 1960年については、1965年の報酬水準を用いい、加入期間は1960年の想定で用いられている20年とした。
出所：吉原健二・畑満（2016）725–727頁、厚生労働省年金局数理課編（2019）をもとに著者作成。

1950 年には 48.6％であったが、1970 年には 19.3％、1990 年には
7.2％と急落していく[19]。高齢者とその子の同居率は 1960 年の
82％から 1980 年には 69％に低下する[20]。1968 年から 1980 年を
見ても 60 歳以上の者が暮らす世帯のうち、「夫婦のみ」および
「単身」の老人世帯の割合は全国で 15.4％から 29.0％へ、都市部
では 21.7％から 40.2％へと倍増した[21]。

　一方で、日本の公的年金の給付は貧弱な水準にとどまっていた。
勤労者の平均賃金は 1955 年には月額 18,300 円、1960 年には
24,300 円、1965 年には 39,000 円と 10 年で倍増する一方、厚生年
金の年金給付水準は 1965 年を想定したモデルにおいて 5,000 円、
実際の平均は 3,500 円程度と低く取り残されていた。これは、当
時の生活保護における生活扶助基準の約 4,800 円より低い数字で
ある[22]。生活水準の向上に対する給付改善の遅れは特に大きな政
治的焦点となり、労働組合もまたその拡充を求めた。1973 年には
田中内閣は「年金の年」を宣言し、「老後を託するに足る年金」
として「5 万円年金」を実現した[23]。

---

18)　戦後、就業者の半数以上が農村にとどまっている時代において、年金をはじ
　　めとする社会保障への社会的要請は相対的に小さかったと考えられる（横山和
　　彦・田多英範 (1991) 146 頁。厚生省 (1966) は、この環境を日本における
　　年金制度の発足を相対的に遅らせた要因の一つとして挙げている（総説第 2
　　節 3)。また、就業構造の近代化と家族構造の変化から社会保障の遅れを同時
　　代に指摘したものとして、経済企画庁 (1969) 第 2 部第 3 章 (3) を参照。
19)　総務省統計局『国勢調査報告』（各年度版）より。
20)　横山和彦・田多英範 (1991) 210 頁。
21)　山崎広明 (1985) 209 頁。
22)　吉原健二・畑満 (2016) 61、62 頁、矢野聡 (2012) 165 頁。
23)　横山和彦・田多英範 (1991) 211 頁。

　この拡充期のもう一つの重要な背景は、厚生年金の福利厚生化である。その第1の契機は、1966年厚生年金基金制度の設立である[24]。それまで経済界が厚生年金の拡充に反対してきた根拠の一つは退職金の存在であったが、高度経済成長期における急激な賃金上昇により、最終給与を基準とする退職金債務の累積速度はより加速した。企業はその債務合理化と支払いの円滑化のために「退職金の年金化」、つまり一時金から年金給付への転換を進めていた。こうした年金化を踏まえて、1961年に日本経済連合会は企業年金と厚生年金との調整を提案する。それは、イギリスの適用除外制度を参考に、厚生年金の報酬比例部分と同等以上の企業年金を持つ企業を厚生年金の適用除外にするというものであった。この調整年金提案はそのままの形では実現しなかったものの、1966年には厚生年金の一部を代行することができる厚生年金基金が設立された。これにより厚生年金の拡充と各企業の退職給付制度との競合性は弱まり、むしろ代行部分については被用者にも拠出を求めることが可能となった[25]。

　第2の契機は、厚生年金が労働条件の一つとして労使交渉の対象となったことである。上記の社会的変化により労働組合もまた退職後の生活保障を強く求めるようになる。公的年金の拡充はそ

---

24)　「退職金の年金化」とその意義については山崎広明（1985）186-189頁、矢野聡（2012）179頁を参照。

25)　ただし、結果的に経済界のこの調整意図はうまく実現しなかったという評価もある（村上清（1997））。他方、インフレ調整に関わる負担が政府の厚生年金に委ねられたため厚生年金基金の独自給付部分は小さくなり、「日本の老後所得保障システムは、公的年金を中心とし、私的制度がこれを補完するものへと決定的に転換した」とする評価もある（山崎広明（1985）235頁）。

うした要望に対する交渉材料となる。このような事情から、1961
年に日経連は調整年金の提案とセットで年金給付の引き上げを提
案している。また 1970 年代には経営者と労働組合との協議と交
渉を通じ、日経連も「老齢保障の充足」や年金の「大幅引き上
げ」を求め、組合との「福祉共闘」を展開した[26]。

　最低限の生活保障のための制度から労働条件である福利厚生的
な制度への厚生年金の変質は、年金給付水準の考え方に反映され
た。年金給付は最低限の生計費ではなく国民生活の水準に応じて
変化するという考えが定着し、図表 2-2 の左列が示すように、
1976 年以降は平均的な年金給付額ではなく年金制度で想定される
現役時の標準的な報酬に対する比率（以下「所得代替率」とい
う）が給付目標として表示されるようになる[27]。実際、厚生年金
の給付水準は、1965 年から 1980 年にかけてその絶対額だけでは
なく所得代替率においても着実に上昇している。所得代替率は
1965 年の世帯での 42％から、1980 年には世帯で 68％、単身でも
60％となっている。同時代のアメリカ社会保障年金で推計される
所得代替率約 44％（単身者）と比較しても、かなり高い給付水
準を目指していた。厚生年金は、もはや最低限の生活水準だけで
なく、労働者の生活水準の向上をも反映した「安定した老後」の
実現を図る制度となった[28]。その拡充は高度経済成長の果実の国

---

26)　山崎広明（1985）198 頁。

27)　平均稼得者における数値。

28)　後に年金局長となる吉原健二は最初の給付拡充である 1965 年改正の重要な
　　意味として「国民の生活水準の変化に応じて年金額を改正する、という基本的
　　思想がはじめてわが国の公的年金制度に導入されたという事実」を挙げている
　　（矢野聡（2012）174-175 頁）。

民への分配手段の一つとも捉えられる。

2.2.4 再編期：高齢化・低成長時代への調節

　1980 年代以降、日本の公的年金は再編期を迎えた。その課題の第 1 は高齢化と低成長時代に対応した負担・給付の調整であり、第 2 は基礎年金をはじめとする制度の一元化の進行である。

　まず第 1 の課題である負担と給付の調整について見ていこう。この時期における年金給付の急速な拡充は、高度経済成長の豊かさを「老後の生活」にも反映させる改革であった。その前提には人口動態と経済の成長の継続がある。1973 年までの年金改革において、給付拡充に対応した負担増加は直ちには行われなかった。保険料は、高齢化の進行に応じて 1973 年における標準報酬（賞与を含まない）の 7.6 ％から 2010 年の 20.7 ％まで段階的に引き上げられるとされ、年金財政は後述する賦課方式にますます近づいていった[29]。

　問題は、この将来の保険料の見通し自体も、当時の人口動態および経済状況を反映して非常に楽観的であったことである。

　まず、年金給付の規模に直接影響する人口構成について見ていきたい。平均寿命は、1973 年時点の男性 70.7 歳、女性 76.2 歳から 10 年後には男性 74.2 歳、女性 79.78 歳へと 4 歳程度伸びている。1980 年の財政再計算では厚生年金の最終的な保険料は賞与を含まない標準報酬の 38.8 ％となった。なお平均寿命はその後も伸長し、2010 年には男性 79.64 歳、女性 86.39 歳となっている。1973

---

29)　山崎広明（1985）223、226 頁。

年の試算では厚生年金の被保険者に対する老齢年金受給権者の比率は 2010 年の 27.0％がピークであったが、2014 年の財政検証での 2010 年の実績は 41.9％となっている[30]。

　保険料収入を支える現役世代に関する推計についても、1973 年の時点では物価上昇率は毎年 5％、賃金上昇率 7％（実質で 2.0％）、出生率は 2.23 で推移するとされ、また積立金は年率 5.5％の運用収益で運用されることを前提としていた。しかし、その後の現実は予想を大きく下回っている。特にバブル経済の崩壊後、「失われた 20 年」と呼ばれた時期、例えば 1995 年から 2015 年の 20 年間の平均賃金上昇率は 0.2％であった。また年金積立金の運用環境も悪化しており、2001 年から 2010 年までの資産運用成績は年率 1.37％であった。出生率も 2005 年時点には 1.26 まで下がっている。

　1985 年以降、日本の公的年金改革の主題は、こうした楽観的な見通しと現実とのギャップを埋めるための負担と給付の調整であった。その調整は 2004 年改革まで 5 年ごとの財政再計算に合わせ 1985 年、1989 年、1994 年、1999 年、2004 年とおよそ 5 年毎に実施されてきた。これら一連の調整の結果、給付の面においては、図表 2-2 が示すように世帯単位でのモデル年金の所得代替率は 1985 年の 69％から 2004 年の 50％へ、保険料は 1985 年には賞与を含まない標準報酬の 12.4％であったものが、2017 年 9 月までに賞与を含む総報酬の 18.3％へと拡大し、また従来保険料の徴収対象ではなかった学生も徴収対象となった。国民年金の給付水準

---

30)　山崎広明（1985）230 頁および厚生労働省年金局数理課（2014）89 頁を参照。

は比較的維持される一方、保険料は 1985 年の月額 6,740 円から 2017 年には 16,490 円へ、また 2009 年には基礎年金部分への国庫負担金も給付の 3 分の 1 から 2 分の 1 まで引き上げられた。2004年改革では、「マクロ経済スライド」と呼ばれる給付抑制の仕組みが導入された。後述するように、これは被保険者の減少や平均余命伸長など人口動態が変化した場合、法改正を経ずに年金給付の抑制を反映させる仕組みである。さらに厚生年金の年金支給開始年齢も段階的に 65 歳まで引き上げられることになった。

　第 2 の課題であった制度の一元化について、その最大の進展は 1985 年改正による基礎年金制度の導入である。すでに見たように、日本の年金システムは図表 2-1（a）で示された通り、被用者向けの厚生年金、自営業や農家向けの国民年金、また国家公務員、地方公務員、私学教職員、農林組合などいくつかの職域の共済制度が分立している状態にあった。そこでは制度間の格差、特に国民年金と厚生年金との格差や、公務員とその他の年金の「官民格差」という問題が生まれていた。1985 年改革では、厚生年金の定額部分と国民年金が基礎年金として統一され、併せて後述する基礎年金における第 3 号被保険者制度など、いわゆる「女性の年金権」が導入された。これにより、図表 2-3 が示す今日の年金システムの体系がほぼ完成した。

　基礎年金部分の統一が、一応とはいえ実現した背景には、公平性の理念のほか、制度間の財政格差があった。年金システムの分立は、それぞれの制度の財政力の相違をもたらす。財政難は現役労働力が流出する衰退部門で特に顕著に現れる。農家や自営業者を想定して作られた国民年金はその典型である。1983 年の時点に

図表2-3　日本の年金システム（2019年時点）

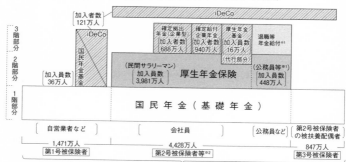

※1　被用者年金制度の一元化に伴い、平成27年10月1日から公務員および私学教職員も厚生年金に加入。また、共済年金の職域加算部分は廃止され、新たに退職等年金給付が創設。ただし、平成27年9月30日までの共済年金に加入していた期間分については、平成27年10月以後においても、加入期間に応じた職域加算部分を支給。

※2　第2号被保険者等とは、厚生年金被保険者のことをいう（第2号被保険者のほか、65歳以上で老齢、または、退職を支給事由とする年金給付の受給権を有する者を含む）。

出所：厚生労働省（2022）240頁より。

おいて、年金受給者の被保険者に対する比率（成熟度）は、厚生年金で9.4％、私学共済で4.0％であったが、国民年金では22.7％に達していた[31]。人口の高齢化に伴う財政危機は、まず国民年金で顕著であった。基礎年金の導入は、基礎年金勘定を通じて各年金制度間で財政調整を行い、基礎部分に関する財政力の格差を均すことを意味していた。

　また、厚生年金とは別に独立に存在していた共済制度について

---

31)　吉原健二・畑満（2016）88頁。

も、1996 年に旧国鉄など 3 つの共済が、2001 年に農林共済が、
2015 年には国家公務員共済組合、地方公務員等共済組合、私立学
校教職員共済が厚生年金に統合された。これらの統合は、年金制
度の安定性、効率性という目的のもとに進められた。

2.3　日本の年金システムの仕組み：分立的制度と財政調整

　ここでは、日本の年金システムの現状について、その全体構造、
保険料と給付内容、財政構造の 3 つの観点から見ていきたい。

2.3.1　二層構造の公的年金

　日本の年金システムは図表 2-3 が示すように、国民年金と厚生
年金の二層の公的年金の上に、個人や雇用主の任意で提供される
企業年金などが加わるという三層構造となっている。
　二層から成る公的年金の大きな特徴は、第 1 に現役世代の国民
をすべて適用対象とする「皆年金」体制であること、第 2 に一般
的な被用者とそれ以外の自営業者・無業者などが区分されている
ことである。前者の「皆年金」体制についていえば、20 歳から
60 歳までの国民すべてを被保険者とする日本の基礎年金は、稼
得のある勤労者のみから保険料を徴収するアメリカの社会保障年
金と比べても広い適用範囲といえる。後者は、まず被用者向けの
厚生年金やその他の共済が先行して設立され、後に国民年金がそ
の他の国民をすべて補完する形で設立された、という日本の公的
年金の歴史的経緯から生まれた特徴である。
　1985 年に導入された基礎年金制度では、被用者以外の自営業

者・無業者などは第 1 号被保険者、一般的な被用者は第 2 号被保
険者、そしてその第 2 号被保険者に扶養される配偶者は第 3 号被
保険者と区分されている。その定義は、図表 2-4 が示すように、
まず 20 歳から 60 歳までの国民全体を第 1 号被保険者と規定した
上で、被用者年金の被保険者とその被扶養配偶者をそれぞれ第 2
号被保険者、第 3 号被保険者として例外的に扱う構造をとってい
る。すなわち日本の皆年金は、労働条件あるいは福利厚生として
の厚生年金が被用者とその配偶者を第 2 号、第 3 号被保険者とし
て囲い込んだ上で、その他の一般国民を第 1 号被保険者とする体
系となっている。実際、それぞれの被保険者は、年金給付の種類、
拠出義務、保険料の拠出や支払い方法において異なっている。し
たがって、日本の公的年金システムは、厚生年金、国民年金とい
った制度の区別ではなく、第 2 号被保険者から第 1 号被保険者の
順で説明したほうが分かりやすい。

2.3.2　保険料と給付内容

　ここでは、日本の公的年金の保険料と給付の内容を、一般的な
被用者（第 2 号被保険者）、自営業者・無業者など（第 1 号被保
険者）に分けて見ていきたい。厚生年金と国民年金それぞれの制
度の概要をまとめたものが、図表 2-4 である。
　まず一般的な被用者である第 2 号被保険者について見てみよう。
「一般的な被用者」とは具体的には法人の事業所、常時 5 人以上
いる個人事業所の一般社員および一般社員の労働時間の 4 分の 3
あるいは週 30 時間以上の労働をしている被用者を指している。
なお従業員 101 人（2024 年 10 月より 51 人）以上の企業の場合、

図表 2-4　国民年金と厚生年金の概要

	国民年金（基礎年金）	厚生年金
対象	第1号被保険者　日本国内に住所を有する20歳以上、60歳未満の者で次の第2号被保険者、第3号被保険者以外の者 第2号被保険者　被用者年金制度の被保険者、組合員 第3号被保険者　第2号被保険者の被扶養配偶者かつ20歳以上60歳未満の者	70歳未満の一般被用者等
保険料	第1号被保険者　月額170,000円（物価・賃金に応じて調整） 第2号被保険者 第3号被保険者 ｝被用者年金の保険料に含まれる。	給与と賞与（総報酬）の18.30%分（※上限あり） （労使折半で負担）
国庫負担	基礎年金給付費の1/2、事務費の全額	—
老齢給付	（資格）保険料納付期間と免除期間の合計が10年以上から65歳以上、繰り下げ制度がある） （給付額）年額：780,100円×（納付月数/480） ※全額免除を受けた月は1/2ヶ月、半額免除で保険料を納付した月は3/4ヶ月の納付と計算される。	（資格）老齢基礎年金の受給要件を満たしている65歳以上の者 （給付額）年額：平均標準報酬額×5.481/1000×加入期間月数（※報酬比例部分のみの給付額） ※2003年以前は係数7.125（＊賞与は含まれない） ※65歳未満の配偶者、18歳以下の子がいる場合加給年金あり
障害給付	（資格）20歳前に初診または保険料滞納期間1/3未満のもの （給付額）1級　年額780,100円×1.25 2級　年額780,100円 ※未成年児童による加算額あり	（資格）老齢基礎年金の受給要件を満たしているもの （給付額）報酬比例部分の最大1.25＋加給年金、 ※別途、年額585,100円の最低保障（3級） ※別途、障害手当一時金あり
遺族給付	遺族基礎年金（基礎年金＋子等による加算額） 死亡一時金（最大32万円）など	老齢遺族年金（死亡年の本人の年金額による） ※ただし本人の年金額との調整等もある

出所：厚生労働省（2016）ほか各種資料をもとに著者作成。

図表 2-5　日米の年金給付モデル（2019 年時点）

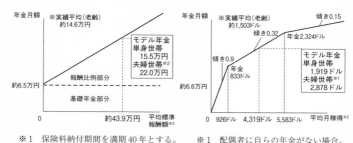

（a）日本の公的年金※1
（第 2 号被保険者）

（b）アメリカの公的年金

※1　保険料納付期間を満期 40 年とする。
※2　配偶者が第 3 号被保険者の場合。
※3　賞与分を含む。上限は給与月額 65
　　　万、賞与 150 万（年 2 回まで）。

※1　配偶者に自らの年金がない場合。
※2　インフレ調整した稼得で 62 歳以前
　　　で最も高い 35 年の平均。上限は年額
　　　132,900 ドル（月当たり 11,075 ドル）。

出所：厚生労働省年金局数理課（2019）、Social Security Administration（2020）など
より筆者作成。

週 20 時間以上、月額賃金 8.8 万円以上などの条件を満たす者も第
2 号被保険者となる。これらの条件を満たさないものは、たとえ
被用者であったとしても第 1 号被保険者、あるいは第 3 号被保険
者となる。

　支払う保険料は、2017 年 9 月以降、賞与を含む総報酬の 18.30％
である。これは労使折半で支払われる。被用者であれば、ほぼ自
動的に保険料の半分が給与から差し引かれることとなる。

　給付内容は、基礎年金にあたる定額部分と、報酬比例部分から
なる。基礎年金部分は、40 年を満期として保険料を納付した月
数に応じて決定される。2019 年時点では、保険料の納付月額の
合計が 40 年であればその給付は年額 78 万 100 円、月額で 6 万
5,008 円であり、納付月額の合計が 20 年であればその半額である。

報酬比例部分は、図表 2-4 の厚生年金の老齢給付の欄に示される
ように、納付月数と平均標準報酬の両方の比例式となる[32]。具体
的には、40 年間の加入を前提として報酬比例に応じた給付額の変
化は、図表 2-5（a）のようになる。また、インフレーションへ対
応するため年金給付の算定に用いられる標準報酬の等級は賃金に
応じてスライドする。さらに、確定後の年金額も賃金や物価の変
動に応じて変動する。

　現役時代に支払ってきた保険料の水準が保険給付に反映される
この仕組みは、部分的にではあるが、労働条件あるいは福利厚生
としての厚生年金の性格を反映したものといえる。一方、定額の
基礎年金部分は最低限の生活保障手段としての公的年金の性格が
反映されている。アメリカの場合、こうした稼得額の低い者への
配慮は、図表 2-5（b）が示すように傾斜的な給付設計を通じて行
われている。

　第 2 号被保険者の年金給付に関連する特殊な措置として第 3 号
被保険者制度がある。これは、第 2 号被保険者の被扶養配偶者で
あれば、一定の手続きを行えば、第 2 号被保険者の支払う保険料
の中に配偶者の基礎年金部分の保険料も含まれていると見なされ
る制度である。いわば、一般のサラリーマン世帯の被扶養配偶者、
例えば専業主婦は、追加の保険料なしに基礎年金部分の権利を得
ることができる（*Column2* を参照）。

　年金給付の算定式は、このようにやや複雑で直ちに理解しがた
い。そこで厚生労働省は、参考となるモデル年金の給付額を提示

---

32)　平均標準報酬は 8.8 万円から 62.0 万円まで 31 等級に区分される（2015 年時
　　点）。

Column2

第 3 号被保険者制度

第 3 号被保険者制度は、「サラリーマン（第 2 号被保険者）世帯の専業主婦」を優遇する不公平な制度として取り上げられる。元来、この制度は 1985 年の改革において「女性の年金権」を確立するものとして導入された。すなわち、専業主婦世帯において被用者の夫が得る公的年金の一部は、明確に妻の基礎年金部分であるとしたのである。しかし今日この制度は、正社員の専業主婦（あるいは主夫）は保険料なしで受給権が得られる制度と受け止められている。

未婚者はもちろん自営業者や農家など第 1 号被保険者の妻や夫にはこのような措置はない。また、第 2 号被保険者の妻（夫）でも、年間の所得額が被扶養配偶者の条件、いわゆる「130 万円の壁」を超えた場合、第 3 号被保険者になることはできない。また会社で一定以上の時間か給与で勤務する者は、その勤め先で第 2 号被保険者として厚生年金保険料が徴収される。彼女・彼らにとって第 3 号被保険者制度は不公平な制度といえる。

なお、第 3 号被保険者の給付財源は第 2 号被保険者の保険料に含まれていると見なされるが、もちろん専業主婦のいる世帯が第 3 号被保険者の基礎年金給付分の保険料すべてを追加で負担しているわけではない。いわば、第 3 号被保険者の年金給付は独身や共働き世帯を含む第 2 号被保険者全体の保険料で支えられている。

(吉田健三)

している。図表 2-5 に示されているように、平均標準報酬月額約43.9 万円で 40 年間勤務した場合の給付額として、将来夫婦世帯で実質額 22.0 万円という数字が示されている。この平均標準報

酬に対する所得代替率は世帯で 50.1％である。一見すれば、すで
に述べたアメリカ社会保障年金の平均的な所得代替率の約 44％
より高い。しかし、この数字は単身世帯のものであり、逆に厚生
年金のモデル年金には専業主婦を念頭に第 3 号被保険者の基礎年
金が含まれている。社会保障年金に同じ条件を当てはめれば配偶
者に対し本人の半額分の給付が行われる。日本と同じ基準を当て
はめれば社会保障年金の所得代替率は約 60％以上となる。逆に
アメリカと同様、本人の年金のみで考えれば日本の単身世帯の給
付水準は 15.4 万円、所得代替率で 36.0％となる。日本の公的年
金の目標給付水準は、所得代替率のベースですでにアメリカより
低いものとなっている。

　モデル年金は、平均的な報酬額が低い単身女性であればさらに
低下すると考えられる。例えば、2009 年の厚生労働省の試算では、
女性の手取月収は男性手取月収 35.8 万円の 6 割程度の 22.1 万円
であり、年金給付はモデル年金給付 22.3 万円の 5 割強の 12.2 万
円である。上記試算では共働き世帯であれば給付の絶対額は増大
するものの所得代替率は 39.9％へと低下する[33]。そもそも 40 年
間、月額で 43.9 万円もの平均標準報酬での稼得が得られ続ける
かどうかは大きな疑問が残る。そして、この前提から乖離すれば
するほど所得代替率は下がることとなる。2014 年時点での年金
給付の実績は、14.6 万円と単身のモデル年金を下回っている。

　なお、厚生年金には老齢給付の他にも障害厚生年金、遺族厚生
年金が含まれている。一定の条件下では事故や病気による障害、

---

33)　厚生労働省年金局数理課（2009）を参照。

稼ぎ主との死別の際には給付の対象となる。退職だけではなく、
「稼得能力を喪失する」様々なリスクに対応した制度といえる。

　つぎに第 1 号被保険者について見ていこう。その定義は、すで
に見たように日本に住所を有する 20 歳から 60 歳までの者で、第
2 号被保険者、第 3 号被保険者に該当しない者である。もともと
は自営業者や農家などが主な対象として想定されていたが、次節
で後述するように今日では非正規雇用者、無業者の割合も増加し
つつある。

　保険料は、2019 年 4 月時点で月額 16,410 円である。その金額
は 17,000 円を基準に 2004 年以降の物価・賃金の変動を反映する
形で決定される。この基準額は 2004 年の 13,300 円から 2017 年
の 16,900 円まで毎年増額され、さらに 2021 年に産前産後の保険
料免除の導入に伴い、17,000 円となった。保険料納付は 20 歳か
ら 60 歳までの 40 年間で満期となる。十分な所得のない者は、所
定の手続きを経て、保険料の免除や猶予の措置を受けることがで
きる。免除の場合は、下記のように国庫負担と一部支払った保
険料に対応した部分について受給権が得られるが、猶予の場合は
追納がなければ、その期間分の受給権は得られない。学生は学生
納付特例制度という猶予制度が利用できる。

　年金給付額は、上記の基礎年金と同じ、2019 年度において満期
40 年の納付で年間 78 万 100 円、月額 6 万 5,008 円となる。年金
給付は、保険料を納めない期間に応じて減額される。例えば 20
年しか納めなかった者の国民年金月額は、半額の 3 万 2,504 円と
なる。保険料と給付金額をこの 2017 年度の水準に固定して単純
に割ると、1 年の保険料納付で年額約 1.95 万円、月額約 0.16 万円

の権利が生まれ、およそ 75 歳まで生きれば生涯の保険料支払額と給付額が釣り合う計算となる。免除を受けた場合、納付月数は国庫負担分を考慮して、全額免除の場合は 1/2 ヶ月、半額免除の場合は 3/4 ヶ月として計算される。また保険料納付と免除期間等の合計年数が 10 年以下の場合は、公的年金の受給資格が得られない。2017 年以前は、この期間が 25 年であった。

　第 1 号被保険者の被扶養配偶者、例えば専業主婦には、第 3 号被保険者制度がない。専業主婦がいる家庭の場合、2 人分の国民年金保険料を支払う必要がある。

　このように第 1 号被保険者の受給額は、満期でも約 6.5 万円、夫婦世帯で見ても 13.0 万円であり、報酬比例部分のある第 2 号被保険者のモデル年金に比べればおよそ 4 割から 6 割程度である。生活水準の維持のためには、付加年金、国民年金基金、個人型の確定拠出年金、その他貯蓄など独自に備える必要性がより高い。

　なお、第 1 号被保険者にも障害基礎年金、遺族基礎年金がある。これらの給付水準も老齢基礎年金額におおむね対応している。

2.3.3　年金財政の仕組みと構造

　年金財政の基本的な仕組みとして、賦課方式と積立方式という 2 つの考え方を見ておこう。図表 2-6（a）が示すように、賦課方式とは現時点での高齢者の年金給付を同じ時点の現役世代の保険料によって支える仕組みである。いわば世代間で支える制度である。現時点の現役世代は退職後には、その未来時点の現役世代に支えられることになる。これに対して積立方式は、図表 2-6（b）が示すように現時点で現役世代の保険料は将来の彼らの給付のた

図表 2-6　賦課方式と積立方式

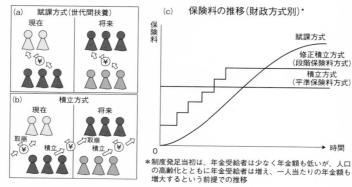

出所：厚生省（1997）46 頁ほか各種資料をもとに筆者作成。

めに積み立てられ、運用されることになる。保険制度として世代内で長寿のリスク等はプールされるが、世代間での所得の移転はないとされる。両者の違いを保険料の推移として示したものが図表 2-6（c）である。賦課方式においては、年金受給者が少ない制度発足当初は保険料が安く抑えられ、年金制度の成熟、また人口の高齢化に伴い高くなる。これに対して積立方式は他の条件が同じであれば年金受給者の割合が増加しても、また少子化により現役世代が減少しても保険料は変動しない。

　日本の年金制度は、両者の折衷案である段階保険料方式、あるいは修正積立方式を採用している。その保険料のおおまかなイメージは、図表 2-6（c）の通りとなる。日本の公的年金もまた、当初は積立方式に基づき出発したが、終戦直後のインフレーションで積立金は価値を失い、またその後の給付拡充の過程において、

当面の負担回避などの理由から積立に必要な保険料引き上げは後回しにされ、いわばなし崩し的に賦課方式に接近した。したがって、積立方式の厳密な考えに従えば、その積立額は十分ではない。しかし、それでも 2019 年時点で約 3.5 年分の給付額に当たる（この数字は「積立度合」と呼ばれる）190 兆円以上の巨額の資産を積み立てている[34]。

　賦課方式か積立方式かという議論は、1994 年に世界銀行が発表した『高齢化危機の回避』において賦課方式が強く批判されて以来、年金研究者や政策当事者の間で盛んに議論されてきた。図表 2-6 で明らかなように、賦課方式は人口や経済の変動に弱く、また明らかに世代によって負担が異なり不公平感が強い。日本でも生年別の不公平はしきりに取り上げられた。また積立方式については、資産運用の収益により、最終的に年金負担を低く抑えられ、積み立てられた莫大な資産の投資により、経済成長が促されるという主張がある。しかし、積立方式も長寿化が進めば給付の調整が必要である。また資産運用収益は不安定であり、資産に見合った経済成長は自明ではなく、むしろ投資先の確保が困難となる。そもそも、一旦賦課方式に傾いた制度を積立方式に戻すには、現在の高齢者を支えると同時に未来のために積立も行わねばならない。いわゆる「二重の負担」が発生し、そのための給付削減か保険料上昇が必要となる。

　結局のところ、現実の年金財政運営は、賦課方式か積立方式かといった原理よりは、公的年金財政の現状を出発点に、長期的な

34）　厚生労働省年金局数理課（2014）93 頁。

Column3

年金における「世代間の不公平」

　「年金は高齢者に有利で若者に不利だ」という「世代間の不公平」問題は、公的年金への伝統的な批判の一つである。2009 年に鈴木亘氏が行った試算によれば、2025 年の 75 歳（1950 年生）は、平均して生涯の保険料よりも 1030 万円多い純給付が得られ、2025 年の 20 歳（2005 年生）は 2500 万円の純損失になるという。このような「不公平」は、公的年金の解体、ないし給付抑制を促す論理として用いられることが多い。実際、2004 年に厚生労働省は当時の年金改革案により「世代間の不公平」が縮小するとの試算を公表した。しかし、その後の物価の停滞により、マクロ経済スライドは長く発動せず、高齢者の年金は抑制されず、また現役世代も賃金の停滞により将来の年金給付額も増大していない。

　そもそも、「世代間の不公平」を給付の削減や抑制によって是正することは難しい。その「痛み」は、現在の高齢者だけでなく

持続可能性をどう確保するかという実際上の見通しが問題となる。日本の場合、この点については 5 年に一度、財政検証が行われ、将来の見通しが提示されている。これについては後述する。

　次に日本の公的年金の財政構造について見ていこう。それは、日本の公的年金の成立経緯を反映して、やや複雑なものとなっている。図表 2-7 は、2019 年度における公的年金制度の資金の流れをまとめたものである。まず全体での給付は国民年金で 23.7 兆円、厚生年金で 29.2 兆円、公的年金全体で 53.0 兆円となっている。保険料については、第 1 号被保険者が国民年金へ、第 2 号被保険

現役世代の将来にも及ぶからである。年金の理論においては、「世代間の不公平」は賦課方式に深く結びついた性質として論じられることが多いが、本文中の「二重の負担」と同様、積立方式への急速な移行もまた負担に大きな歪みをもたらす。さらに積立方式においても賃金水準や資産運用環境、平均余命などの変動による「不公平」は免れないことにも注意が必要である。

　何より公的年金や社会保障の内部だけで「世代間の不公平」を論じることには限界がある。社会資本・教育は時代とともに発展しており、またかつての私的な扶養による現役世代の負担も年金制度の拡充とともに軽減されているからである。そのほか生年別の経済・社会環境の悲喜を挙げ出せばキリがない。世代間の「公平」へ過度に拘泥することは不毛なだけでなく、不幸自慢を世代間で競わせ、社会の分断を煽り、社会保障を支える社会的合意そのものを見失わせる恐れがある。

（吉田健三）

者とその雇用主が厚生年金に支払うこととなる。それぞれの金額は、1.3 兆円、37.7 兆円であり、合計で 39.1 兆円である。この収入のみでは年金給付を支えきることはできない。

　保険料についで重要な収入源となっているのは、資産運用収益である。すでに見たように、日本の公的年金は総額 190 兆円以上もの年金資産の積立があり、その大部分を年金積立金管理運用独立行政法人（GPIF）が管理、運用を行っている。2019 年は資産運用環境が悪く、運用成績はマイナス 5.2 ％、その年の損失額は国民年金 0.5 兆円、厚生年金 9.3 兆円、公的年金全体で 9.8 兆円と

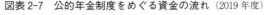

図表 2-7　公的年金制度をめぐる資金の流れ（2019 年度）

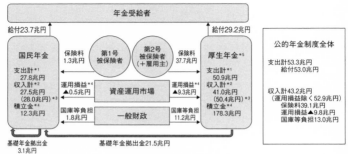

*1　年金保険拠出金、基礎年金相当給付費、財政調整拠出金、その他を含む。
*2　基礎年金交付金、各種拠出金収入等、その他を含む。
*3　時価ベースでの資産運用損益を除く支出合計。
*4　時価ベースで表記。
*5　国家公務員、地方公務員、私学教職員共済を含む。
出所：厚生労働省（2020）をもとに筆者作成。

　なっている。しかし長期的に見れば 2004 年以降、平均では年 3.7
％ほどプラスである。この数字を 2019 年に当てはめるなら 7 兆
円、合計収入の 15 ％ほどの利益を上げていたことになる。資産
運用収益は本来、年金財政として欠かせない収入源となっている。
いいかえれば、年金財政の健全性は、この積立金の資産運用成績
に大きく左右される構造となっている。GPIF の運用成績がしば
しばニュースなどで取り上げられるのはこのためである。2001 年
から 2019 年までの累積収益は約 94.7 兆円のプラスとなっている。
ただ、なかには 2019 年のように数兆円のマイナスを出す年もた
びたびあり、長期的な視点での評価が必要となる。
　保険料、運用収益に次いで大きな収入源となっているのは国庫

負担である。所得税、消費税、国債などで集めた政府の一般会計から年金制度の特別会計への財政資金の繰り入れである。上記のように、保険料負担の抑制のため基礎年金は、給付の2分の1を国庫負担でまかなっている。2019年度において、その合計額は13.0兆円である。政府の一般会計の側から見れば、それは社会保障関連費33.5兆円の40％近く、一般会計全歳出額101.4兆円の13％近くを占めている。なお同年度会計における公債金収入は収入全体の33.5％に相当する36.5兆円である。年金への国庫負担は政府が長期にわたり財政赤字に陥っている構造的な要素の1つといえる。なお、アメリカの社会保障年金においては、原則として社会保険料以外の租税資金の投入はなされていない。

　年金財政の構造を複雑にしているのは基礎年金拠出金の存在である。国民年金は基礎年金の給付を行う制度であり、その給付のための基礎年金勘定が国民年金特別会計の中に設けられている。基礎年金の支給は、各年金制度から基礎年金勘定への資金の移転を通じて行われている。図表2-7の最下部に見るように、厚生年金から21.5兆円、国民年金特別会計内でも3.1兆円の基礎年金勘定への資金移転がなされている。このような複雑な資金の動きもまた、分立した制度構造のもとでの財政調整を反映したものである[35]。

　年金給付額は、高齢化のさらなる進行により今後も増加してい

---

[35]　事実上制度が分立しているのであれば、それぞれの基礎年金はそれぞれの制度内でまかなえばよいように思われる。しかし、それでは財政力が弱い国民年金が立ち行かない（資産積立度合いは低く、保険料拠出も少ない）。それこそが1985年に制度統合がなされた最大の要因といえる。

Column4

公的年金の資産運用

　年金資産の運用は、年金の財政健全性にとって重要というだけではない。そこには巨額の資産保有や運用に伴う影響力の管理、例えば株主議決権をどう行使するか、すなわち「年金資産はだれのためのものか」という問題が常につきまとう。

　日本の場合、年金資産は戦時資金動員のための強制貯蓄制度として出発し、戦後も財政投融資として大蔵省の資金運用部が管理を行ってきたが、巨額の資産を福祉目的にも使用すべきという点から、1961年以降には厚生労働省所管の年金福祉事業団が設立され、年金の被保険者向けの住宅貸付や療養や福祉施設の維持建設に用いられていた。しかし、その主な融資先である特殊法人の不透明さ、特に天下りの受け入れといった問題から1990年代末より財政投融資の改革が進められた。特に年金積立金としても株価維持政策への流用や赤字保養施設グリーンピアなどへの融資が問題視された。年金福祉事業団は2001年に解体され、年金資金

く。2014年の試算では65歳以上の人口の割合（高齢化率）は2010年の23.0％から2040年には36.1％、2060年には39.9％になる。一方、これを支える保険料収入は労働力人口や賃金水準によって、また資産運用収益は運用の手法や環境によって変動する。公的年金財政の長期的な健全性、持続可能性はこれらの要素に大きく左右される。

運用基金を経て、2006年より年金積立金管理運用独立行政法人（GPIF）によって年金資産の管理、運用業務が引き継がれている。

2019年において、GPIF は150兆円以上もの資産の約25%を国内債券、24%強を株式に、半分近くを外国の株や債券に投資している。その投資原則の第1には「専ら被保険者の利益のため、長期的な観点から、年金財政上必要な利回りを最低限のリスクで確保すること」が目標として掲げられている。ただ、近年においてもなお GPIF の資産運用、とりわけその株式投資は「成長戦略」あるいは「成長への投資に貢献」といった文脈で公然と語られることもしばしばある。

なお、アメリカの社会保障年金の場合、公的年金資産、資産運用の安全性、さらに株式所有を通じて政府が過度の経済的支配力を保有することを避ける観点から、年金準備金は株式市場で運用されることはなく、すべて自国の国債（連邦債）の購入に充てられている。

（吉田健三）

2.4 公的年金の2つの課題

日本の年金システムは、すでに述べたように人口の高齢化と経済成長の鈍化に伴い調整が行われてきた。しかし、その過程はなお途上にある。一方で、皆年金体制は、経済のサービス化やグローバル化に伴う競争激化のもと非正規雇用や無業者の増加とともに綻びを見せている。すなわち今日、日本の年金システムの主な問題は、「給付・負担の調整」と「国民年金の空洞化」である。

2.4.1　負担と給付の調整

　まず第 1 の課題は、負担と給付のさらなる調整である。1960 年代後半から 1970 年代にかけて、日本の年金給付の水準は、労働条件あるいはある種の福利厚生として高度経済成長の継続を前提に拡充し、1985 年以降はその後の少子高齢化と低成長化に応じて調整を続けてきた。問題は、これらの努力の結果、日本の年金財政が長期的な持続可能性を確保し得たのかどうか、という点である。

　年金財政の長期的健全性を点検するため、政府は 5 年ごとに年金財政の検証を行っている[36]。その発表によれば、日本の公的年金は十分な持続可能性がある、ということになっている。負担・給付の最後の大きな調整は 2004 年改革であった。ここでは、保険料の最終的な引き上げ上限を 18.3 ％と定め、給付水準は厚生年金のモデルケースで所得代替率 59 ％から 50 ％まで抑制された。この給付抑制の手段は、直接的な給付算定式の改定とマクロ経済スライドである。マクロ経済スライドとは、スウェーデンの「みなし確定拠出」方式を参考に、人口状況や経済指標の変化を、年金給付水準に反映させる仕組みである。ただし、ここでは直接に名目給付額が削減されるのではなく、賃金や物価スライドによる給付改善率から、被保険者数、平均余命や人口の変化を勘案したスライド調整率が差し引かれる。いわば実質額ベースでの自動給

---

[36]　厚生労働省年金局数理課（2004）（2009）（2014）（2019）。なお、2004 年以前の検証を財政再計算、それ以降は財政検証という。

図表 2-8　公的年金の財政再計算・財政検証の主な前提と実績

		2003年の実績	2004年財政再計算	2004-2018年実績[3]	2019年財政検証	2004年からの変化
人口前提	平均寿命[1]（男）	78.36	80.95	81.25	84.95	4.00
	（女）	85.33	89.22	87.32	91.35	2.13
	出生率	1.29	1.39	1.39	1.44	0.05
経済前提[2]	全要素生産性成長率	0.2%	0.7%	0.6%	0.9%	0.2%
	物価上昇率	−0.3%	1.0%	0.3%	1.2%	0.2%
	賃金上昇率（名目）	0.0%	2.1%	−0.1%	2.3%	0.2%
	運用利回り（名目）	−0.8%	3.2%	3.79%	4.0%	0.8%

※1) 2004年推計では2050年、2019年推計では2065年の数字。2004年-2018年実績は2018年時点の数字。

※2) 2004年推計は2009年以降の数値（2008年以前は2003年実績から漸進的に回復）。

※3) 平均寿命は2018年のもの。経済前提は2004年から2018年までの平均値。

出所）平成16年度の財政再計算、令和元年度の財政検証（ケースⅢ）および各種統計をもとに筆者作成。

付削減システムである。

　この改革により、日本の公的年金の「100年安心」が宣言された。それは今後100年にわたり持続可能であり、積立金は十分に維持され、かつ所得代替率も50％が確保されるという。

　なおアメリカの場合、2019年時点で年金積立金は2035年に枯渇すると推計されている。公式見解に従えば、日本の公的年金は、高齢化の苦境にもかかわらず、アメリカの社会保障年金よりもかなり健全な状態にあることになる。

　しかし、結果からいえば2004年の「安心宣言」は楽観的であった。図表2-8は、2004年の財政再計算および2019年の財政検証における主要な前提と実績を示したものである。2004年財政再計算は、当時のデフレからの回復に期待し、2003年実績で低かった経済諸指標の改善、例えば全要素生産性成長率が0.2％から0.7

％へ、物価上昇率がマイナス 0.3％から 1.0％へ、賃金上昇率が
0.0％から 2.1％へ、運用利回りがマイナス 0.8％から 3.2％へと回
復することを前提としている。

　現実の実績はその期待からはやや遠い。2018 年までの期間の平
均実績は全要素生産性で 0.6％、物価上昇率で 0.3％、賃金上昇率
でマイナス 0.1％となっている。運用利回りのみ 3.79％と期待以
上の成績をおさめてきたが、これはこの間の数年の異例の株価高
騰を反映したものであり、2015 年や 2019 年にはマイナスに転じ
ている。平均寿命の伸びは予想以上に早く、2050 年時点の想定
をすでに上回っている。何より、財政健全化の要として期待され
ていたマクロ経済スライドは長引く不況などの影響により、2017
年の初実施まで一度も発動されなかった。

　だが、このような期待と実績の乖離にもかかわらず、2019 年の
最新の政府の見通しにおいても、「100 年安心」の基調はなお崩れ
ていない。2019 年の財政検証では、様々な経済予想に基づきケー
スⅠからケースⅥまでの 6 つものシナリオを提示している。その
中位の予想と見なされているケースⅢによれば、やはり所得代替
率は 50％が確保された上で、年金財政は今後 100 年十分に持続
可能であるという。そのようなことを可能にしたのが、経済成長
に関する前提の上方修正である。図表 2-8 の最右列が示すように、
全要素生産性、物価上昇率、賃金上昇率、運用利回りすべてにお
いて、楽観的かつ達成されなかった 2004 年の想定よりさらに強
気に引き上げが行われている。

　国際的な評価では、こうした楽観的な見方は受け入れられてい
ない。マーサー社やアリアンツ社といった国際的な金融機関によ

る年金持続可能性に関するランクづけでは、いずれにおいても日本はアメリカより低く、調査対象国中でもかなり下位だと評価されてきた[37]。もし、1985年以降の過去のすべての財政再計算や財政検証と同様、今回の期待も外れるならば、日本の公的年金は、さらに給付引き下げ、保険料引き上げ、支給開始年齢の引き上げなどの調整を強いられることになる。すでに2016年にはマクロ経済スライドや物価スライドの実施を徹底する新たな改革が行われた。公的年金の給付水準が継続できるかどうかは、様々な調整を経た今もなお楽観的な経済成長に依存している。

2.4.2 国民年金の空洞化

　第2の問題は、国民年金における保険料未納者の増大である。日本の年金システムは、国民すべてを対象とする「皆年金」を誇っている。それは、勤労者を対象とするアメリカの社会保障年金をはじめ世界の年金システムの適用範囲と比べても広い。未納者の増大は、経済のグローバル化やサービス化といった環境変化の中で、この「皆年金」が綻びつつあることを意味している。

　国民年金の納付率は、長期的には減少傾向にある。図表2-9は、国民年金の納付月数を納付対象月数で除した納付率を示したものである。これによれば、国民年金の現年度の納付率は、1992年の85.7％をピークとして、その後減少し、2011年には58.6％まで落ち込んでいる。その後、保険料徴収努力、また免除者の急増により2019年には69.3％にまで回復している。2年後までの最終納

---

37)　Allianz（2014）（2020）、Mercer（2016）（2020）を参照。

図表 2-9　国民年金（第 1 号被保険者）の納付率*の推移

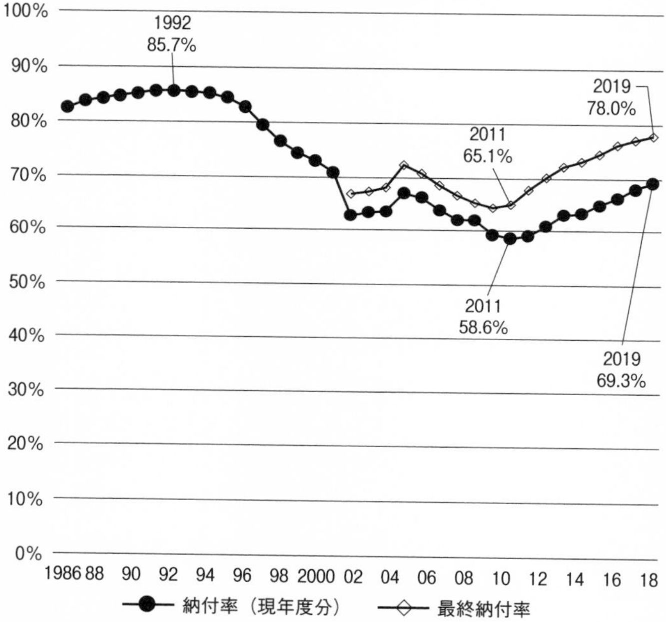

* 納付率（％）＝納付月数/納付対象月数×100。ただし納付月数は現年度で納付された
もの。
出所：厚生労働省年金局（2016）（2022）より筆者作成。

付率も 2011 年の 65.1％から 2019 年には 78.0％と改善している。
納付率は年齢が低くなるほど低下し、2019 年における 25 歳から
29 歳の者は現年度で 57.1％、最終年度で 69.0％である。
　国民年金の未納状況については、かつて「若者の半分が納めて
いない」といった形の報道がなされ、またそのことで年金財政の
危機を煽る論調も見られた。だが、これらのイメージは、当時の

未納率を当てはめたとしても正しくない。図表 2-3 が示すように、国民年金全加入者約 6,700 万人のうち第 1 号被保険者はその一部の 1,500 万人足らずであり、しかもそのうち納付対象者は 800 万人強にすぎない。仮にその半分が未納者であっても、被保険者全体としては約 6% でしかない。また未納者は国庫負担分を含む将来の受給権をも喪失しており、長期的には年金財政を悪化させるものではない。問題は、それが将来の低年金者・無年金者を大量に生み出しつつあることにある。

　年金保険料を未納すれば、その分将来の基礎年金が減少する。例えば、1 年分未納した場合は、満額の月額 6.5 万円の 40 分の 1 に当たる月額 1,625 円の給付が失われる。10 年の未納により国民年金は 4 万円以下となる。さらに退職後、納付期間と免除期間の合計が 10 年未満になれば年金自体が支給されない無年金者となる。また上述のように、この間の納付率の大きな改善要因の一つは全額免除者・猶予者数の増加にある。2019 年には、1 号被保険者 1453 万人の 40.1% に当たる 583 万人が全額免除・猶予の対象となっている。彼ら免除対象者は年金給付の半分の権利しか得られない。仮に全期間、全額免除を受ければ国民年金は約 3.25 万円となる。さらに、学生納付特例制度を含む猶予者は追納がなければやはり未納者と同じ扱いになる。一人月額 6.5 万円の基礎年金を保障するという国民年金の機能は大きく損なわれつつある。無年金者はもちろん、十分な基礎年金を受けられない高齢者が今後増加していくならば、公的扶助である生活保護の受給世帯を増加させ、また子や兄弟による私的な扶養の必要性も強まる恐れもある。

　年金未納者の増大について、かつて厚生労働省は、未納者の一定割合に民間保険の加入者がいることなどから「義務感の欠如」を強調し、その啓発活動や強制徴収などに努めてきた。しかし、より根本的な問題は、国民の意識ではなく経済状況にある。

　第 1 章で見たように、1990 年代頃より冷戦終結や新興市場の勃興などにより、経済のグローバル化が進み、世界規模での競争激化や産業再編が進行した。この変化は、日本の産業や企業に高度化、スリム化、効率化による対応を強いるものであったが、その過程において従来の男性正社員中心の雇用構造が大きく転換し、パートタイム労働者やアルバイトなど、いわゆる非正規の被用者が増大した。年金システムとの関連でいえば、これは厚生年金の適用対象とならない勤労者、すなわち第 1 号被保険者の被用者の増大を意味していた。

　本来、自営業者や農家を想定して発足した国民年金の加入者構造も大きく変化した。1996 年には第 1 号被保険者に占める常用雇用やパートタイムの被用者の割合は 25.0％、無職で 31.4％であったが、2014 年には被用者 40.3％、無職で 33.3％となっている。いわば正規と非正規の被用者を区分する、厚生年金の福利厚生としての側面が前面に現れ、国民年金はその排除の受け皿となっている。一般に、非正規の被用者や無業者の経済力は、正規雇用の者や本来の農家や自営業者よりも低い。第 1 号被保険者の本人所得は平均で 112.1 万円、滞納者の平均で 104.2 万円である。このような経済状況こそ未納者増加の主要原因と考えられる。2014 年の調査では保険料を納めない理由について、「保険料が高く、経済的に支払うのが困難」という回答が 71.9％と最大となっていた[38]。

　未納問題の解決については、2つのアプローチが考えられる。第1に、基礎年金を無拠出制度、いわば税方式として、拠出実績と年金の受給権を切り離すことである。税金を財源に拠出制年金の不足を補う最低保障年金もこうした提案に分類できる。国民年金の全額税方式化は、1977年に社会保障制度審議会で提案され、2007年には経団連も保険料負担の軽減政策の一環として提案している。ただし、基礎年金の税方式化については、財源や従来の拠出制年金との整合性などの問題も指摘されている。

　第2は、厚生年金の適用対象をより拡大することである。すでに見たように、アメリカの社会保障年金はこの方法で自営業者やパートタイム労働者へ適用範囲を広げ、また日本でもかつて国民年金発足前に社会保障制度審議会が抽象的ではあるが示した方向でもあり、「自主的責任」に基づく拠出制の伝統とも整合する。ただ、その場合、自営業者、農家、さらに従来保険料が事実上免除されてきた第3号被保険者やその雇用主の追加負担が問題となる。そもそも彼らの稼得額をどう補捉するか、そのための徴税体制との連携ないし一体化も課題となる[39]。

　現実の経緯としては、後者に当たる厚生年金の適用拡大をゆるやかに進めていくという方法がとられている。2016年10月には、一般社員の4分の3ないし、週30時間以上としてきた非正規雇用の厚生年金適用条件に、週20時間以上あるいは月額給与8.8万

---

[38]　厚生労働省年金局（2010）（2012）（2015）。

[39]　現在、年金保険料の徴収は国税庁ではなく、日本年金機構（旧社会保険庁）が実施している。また自営業者の所得捕捉の問題に関しては、駒村康平（2014）を参照。

Column5

老後 2000 万円問題と資産形成支援

　低成長・高齢化に向けて公的年金の給付抑制が繰り返された結果、日本の年金システムは新たな課題に直面している。2019 年、金融庁は「老後に平均 2000 万円の資産が不足する」という旨の試算を発表した。その表現は、公的年金制度への信頼を損ねるとの物議を醸し、最終的に一部削除された。だが、この顛末は、むしろ公的年金がもはや「老後を託すに足る」制度ではないとの強い印象を国民に与えた。巷間で「老後 2000 万問題」は、国民に退職後の生活に向けた自助努力を促す枕詞となっている。

　政府も金融庁の主導のもと公的年金の外部での資産形成を支援する政策を積極的に展開している。2022 年に政府は資産所得倍増計画を宣言し、前後して iDeCo（図表 2-3 最上段）や NISA といった貯蓄支援税制の強化に努めている。このような変化の念頭にあるのはアメリカである。そこでは、企業年金の一種である確定拠出型の 401（k）プランや退職個人勘定（IRA）を通じ、株式投資（投資信託の購入）の奨励が盛んに行われている。このような「総投資家社会」に向けた政策は、自助努力を奨励し、金融市場で生まれる富の分配をもたらす効果もある一方、多くの資産を投資できる富裕層を優遇する政策であり、またリスクの大きい株式投資によって退職後の保障が不安定化するという問題も指摘されている。

（吉田健三）

円以上という条件が追加された。強制的な適用対象となる事業所は 2016 年に被保険者 501 人以上、2022 年に 101 人以上、2024 年 10 月に 51 人以上、雇用見込期間も 1 年から 2 ヵ月と段階的に拡

大している。だが当初の措置で拡大される部分は週 20 から 30 時間働いている短時間労働者 420 万人のうち 25 万人、追加の改正で 70 万人、インフレの効果を考慮しても、その半分以下の 180 万人と推計されている。また、そこには第 3 号被保険者や年齢的に第 1 号被保険者以外の高齢者が含まれているため、それらを除けば第 1 号被保険者からの純増はさらにその半分以下となる[40]。新しい経済環境のもと露呈した「皆年金」の綻びは、いまだ十分に繕われてはいない。

　経済成長体制と若い人口構成を前提に、男性被用者を中心に強固な老後の保障を目指した日本の公的年金は、年金財政の持続可能性と加入構造の両面において問題を露呈してきた。経済のグローバル化、高齢化、そしてサービス経済化と呼ばれる産業編成の変化などの歴史的な転換により、日本の年金システムは今後もさらなる調整あるいは改革が要請されると考えられる。

第 2 章参考文献

大湾秀雄・須田敏子（2009）「なぜ退職金や賞与制度はあるのか」『日本労働研究雑誌』No.585
経済企画庁（1959）『昭和 34 年度版経済白書』
経済企画庁（1969）『昭和 44 年度版経済白書』
経済企画庁（1972）『昭和 47 年度版経済白書』
厚生省（1966）『昭和 41 年度版厚生白書』
厚生省（1997）『平成 9 年度版年金白書』

---

40)　厚生労働省（2015b）、厚生労働省年金局（2023）。

厚生労働書（2015a）（2020）「公的年金各制度の財政収支状況（各年版）」

厚生労働省（2015b）「短時間労働者に対する被用者保険の適用拡大」

厚生労働省（2016）（2022）『厚生労働白書（各年版）』

厚生労働省年金局（2005）（2016）（2022）「国民年金加入保険料納付状況（各年版）」

厚生労働省年金局（2010）（2012）（2015）「国民年金被保険者実態調査の概要（各年版）」

厚生労働省年金局（2023）「被用者保険の適用拡大」

厚生労働省年金局数理課（2004）「厚生年金・国民年金平成16年財政再計算結果」

厚生労働省年金局数理課（2009）（2014）（2019）「財政検証結果レポート：国民年金及び厚生年金に係る財政の現況及び見通し（各年版）」（詳細版）

駒村康平（2014）『日本の年金』岩波新書

渋谷博史（2005）『20世紀アメリカ財政史 I』東京大学出版会

渋谷博史（2014）『福祉国家と地域と高齢化［改訂版］』学文社

社会保障制度審議会（1950）「社会保障制度に関する勧告」

社会保障制度審議会（1958）「国民年金制度に関する基本方策について」

社会保障制度審議会（1967）「社会保障制度の総合調整に関する基本方策についての答申および総合調整の推進に関する勧告」

社会保障制度審議会（1977）「皆年金下の新年金体系（建議）」

鈴木亘（2010）『年金は本当にもらえるのか』ちくま新書

総務省（2013）「統計からみた我が国の高齢者（65歳以上）」『統計トピックス』No.72

東京大学社会科学研究所（1985）『福祉国家5 日本の経済と福祉』東京大学出版会

村上清（1997）『企業年金の知識』日本経済新聞社

矢野 聡（2012）『日本公的年金政策史 1875-2009』ミネルヴァ書房
山崎広明（1985）「日本における老齢年金制度の展開過程：厚生年金制度を中心として」東京大学社会科学研究所（1985）171-234頁
横山和彦（1985）「戦後日本の社会保障の展開」東京大学社会科学研究所（1985）3-45頁
横山和彦・田多英範（1991）『日本社会保障の歴史』学文社
吉田健三（2012）『アメリカの年金システム』日本経済評論社
吉原健二・畑 満（2016）『日本公的年金制度史』中央法規出版

Allianz（2014）, *2014 Pension Sustainability Index*, International Pension Papers 1/2014.
Allianz（2020）, *Allianz Pension Report 2020*, 28 May 2020.
Mercer（2016）, *Melbourne Mercer Global Pension Index*, Australian Centre for Financial Studies, Melbourne.
Mercer（2020）, *Mercer CFA Institute Global Pension Index 2020*, Mercer, Melbourne.
Social Security Administration（2020）, *Annual Statistical Supplement to the Social Security Bulletin, 2020*.

第3章　医療保障システム[1]
——国民皆保険と持続可能性

長谷川　千春

3.1　医療保障システムとはなにか

　医療保障とは、第1に、良質かつ適切な医療を提供するための体制を確保すること、そして第2に、負担可能な費用で医療が受けられるように費用保障を行うこと、を意味している。医療保障システムはそれらを確保するための体制ということであり、医療提供体制と医療保険制度から成り立っている。

　医療提供体制とは、病院や診療所、薬局などの医療施設、及び医師や看護師、薬剤師などの医療従事者によって、診療や検査、投薬などの医療サービスを提供するシステムのことである。医療法では、国及び地方公共団体に対して、「国民に対し良質かつ適切な医療を効率的に提供する体制が確保されるよう努めなければならない」と規定し（第1条の3）、厚生労働大臣が基本方針を定め、都道府県は、基本方針に即して、かつ、地域の実情に応じた医療提供体制の確保を図るための計画（「医療計画」）を策定している（第30条の3の2、第30条の4）。病院、一般診療所、歯科診療所を合わせた医療施設は全国で約18万あり、うち病院は約8千施設、一般診療所は約10万4千施設あり[2]、医師数は約

---

1)　本章は、改訂にあたり執筆者が変更となったため、全面的に差し替えられている。

34 万人（人口 10 万人当たり 269.2 人）、薬剤師は約 32 万人（人口 10 万人当たり 255.2 人）[3]、看護師約 128 万人（准看護師約 28 万人）[4] となっている。ただし、日本の医療施設の多くは民間によるものであり、医療法人や個人での経営による民間病院や診療所が、医療サービスの提供の大半を担っている[5]。

　医療保険制度とは、病気やケガなどにより、医療サービスを利用した際の医療費の支払いに対し、予め医療保険に加入することで、その支払いをその加入集団で分担するシステムのことである。病気やけがは、健康的な生活を心がけていたとしても、生活を送るなかで不可避的に直面しうるリスクである。とくに高齢期においては、病気やケガのリスクが高く、多くの医療サービスを必要とするため、その際に必要となる医療費負担も大きなリスクとなる。医療保険は、そのような誰もが直面しうる生活上のリスクに備えて、被保険者集団を形成し、あらかじめ保険料を拠出して、そのリスクが現実化したときに保険給付を行う相互扶助の仕組みといえる。医療保険は、実際の医療サービスが受けられるように保障するとともに、病気やケガなどにより働けなくなるリスクへの対応として、所得保障の機能も持つ。

---

2)　医療施設には、他に歯科診療所（約 6 万 8 千施設）がある。病床数でみると、全国で約 158 万床あり、うち病院が約 150 万床、診療所が約 8 万 4 千床である。以上、厚生労働省（2022a）による。

3)　厚生労働省（2022b）による。

4)　厚生労働省（2022c）による。

5)　開設者別にみると、病院では国・公的医療機関が 18.5% に対し、医療法人が 69.2%、個人が 1.7% である。診療所では国・公的医療機関が 4.3% に対し、医療法人が 43.2%、個人が 38.6% である（厚生労働省（2022a））。

　日本は、すべての国民が公的医療保険に必ず加入しなければならない「国民皆保険システム」をとっている。第1章でみたように、日本の公的医療保険は社会保険の一つであり、加入の義務（強制加入）とともに、保険料の拠出義務をともなう。ゆえに、保険料の負担が困難な経済状況に陥った場合に備えて、生活保護制度のなかの医療扶助が、申請主義を原則とした社会扶助制度として存在している。他方で、公的医療保険はすべての医療サービスや薬剤をカバーしているわけではなく、保険給付の対象とならないものもある。また公的医療保険からの給付はかかった医療費の全額をカバーするわけではなく、患者自己負担が求められる。保険会社などが販売する民間医療保険は、以上のような公的医療保険にカバーされない部分を補うものとして、任意で追加的に加入できる保険商品として存在している。

　以上のように、日本の医療保障システムは、医療提供体制としては民間部門が主に医療サービスを提供する役割を担っているのに対し、医療保険制度としては、社会保険である公的医療保険が主にその医療費を支払う役割を果たしている。そしてその社会保険を補完するものとして、社会扶助制度としての生活保護制度があり、他方で追加的な民間医療保険が存在しているといえる。

3.2　国民皆保険システムの確立・変遷と国民医療費

　第1章でみたように、第二次世界大戦後の日本国憲法の施行と、いわゆる「右肩上がり」の経済成長の中で、雇用関係を軸とする社会保障システムが体系的に整理され、そのなかで国民皆保険シ

ステムが確立された。現在に至る日本の医療保障システムの形成
史を、第二次世界大戦後の日本国憲法に基づく法改正による国民
皆保険体制の確立期（〜 1961 年）、そして皆保険体制確立後の改
革期（1961 年〜）に分けて概観してみよう[6]。

3.2.1　国民皆保険システムの確立

　日本の国民皆保険システムは、健康保険や共済保険といった職
域保険と、国民健康保険といった地域保険など、複数の制度から
構成されている（詳しくは、3.3 参照）。それは、戦前に別々に創
設された制度が、戦後、皆保険システムを構築する際にそのまま
継承され、改正されたという経緯による。

　日本で最初の社会保険立法である健康保険法は、1922 年に成
立した[7]。当時、国内では、第一次世界大戦による戦時好況から
一転して戦後恐慌に陥っており、大量の失業者が発生し、労働争
議も多発して労使関係は悪化していた。他方、対外的にはベルサ
イユ条約に基づき設立された国際労働機関（ILO）に日本も加盟
し、労働者の労働条件の改善に関する条約を採択していた。以上
のような国内外の影響を受けて、健康保険法は、労働者の生活上
の不安を取り除くこと、そしてそれ以上に労働能率の増進、労使
間の対立の緩和、ひいては国家産業の発展を目的とするものとし
て作られた。健康保険の保険者は政府または健康保険組合であり、

---

[6]　本章で取りあつかう法制度、事実関係等については、特に断らなければ、
　　吉原・和田（2020）を参照している。

[7]　関東大震災（1923 年）の影響を受けて施行が延期され、健康保険法は 1927
　　年にようやく施行された。

当初は、工場法や鉱業法の適用を受ける工場、鉱山などの事業所（常時 10 人以上の労働者を使用）で常時雇用される、年収 1200 円以下の工場労働者が対象とされた。その後、1934 年に常時 5 人以上の労働者を使用する工場労働者にも適用拡大された。他方で、会社や商店などの事業所に従事するいわゆる「ホワイトカラー」のサラリーマンを対象とした職員健康保険法は 1939 年に制定され、その後 1942 年に健康保険法と統合された[8]。

　一方、1938 年に成立した国民健康保険法は、農村の窮乏を救済し、農山漁村の住民の医療費負担を軽減することを目的として作られた[9]。市町村を単位に「国民健康保険組合」を設立し、その区域内に居住する世帯主を組合員としてその世帯員も含めて被保険者とするというものであった。ただし、農山漁村にある住民の相互扶助の考え方に沿うということで、国民健康保険組合の創設もそれへの加入も任意とされた。1942 年には、国民健康保険の普及・拡充を目的として、地方長官が必要と認めるときは健康保険組合の設立を命じることができ、そのような強制設立の組合

---

8)　健康保険法と職員健康保険法の統合は、同じ会社の従業員であっても、現場労働者か本社勤務かで適用される制度が異なるという不合理や、それに伴う事務的な煩雑さをなくすことを目的としたものであった。職員健康保険法と同じ時期に成立した船員を対象にした船員保険法は、老齢年金等の年金給付を含むこと等から、そのまま別制度のままとなった。また、取り残された非現業の政府職員を対象とした政府職員共済組合は 1940 年に、市町村立の小中学校及び幼稚園の職員を対象とした教職員共済組合は 1941 年に作られた。

9)　国民健康保険制度は、1930 年代に日本が国防国家へと傾斜していく中で、国力、戦力の源泉である国民、とくに農村における青壮年層の体位、体力の向上を図るという要請にも応えるものであった。

が設立されたときは、組合員となる資格のある住民はすべて強制
加入することに改正された。国民健康保険の保険者数及び被保険
者数は、1938年は168、58万人であったが、1942年には6,459、
2,261万人に、1944年には10,331、4,048万人にまで増加した。

　第二次大戦後、日本国憲法の理念に基づく社会保障制度の再建、
再構築のなかで、医療保険制度も整備された。具体的には、1948
年に国民健康保険法の改正により、市町村が国民健康保険を自ら
の事業として実施するとされ、住民の加入を義務化した。しかし、
1950年前後でも、いずれの健康保険にも加入していない未適用
者が数多く存在していた。それは、市町村による事業実施自体が
任意のままであり、未実施市町村が全体の4割を占め、さらに東
京や大阪といった大都市で未実施だったからである。また、健康
保険制度も、5人未満の事業所は任意適用であるため、零細企業
の労働者の多くは未加入状態に置かれていた[10]。

　戦後復興期から高度経済成長期に差し掛かる中で、厚生省は国
民皆保険の実現に向けた具体的な検討と準備を進め、1958年に
国民健康保険法が全面改正された（施行は1959年）。新・国民健
康保険法は、すべての市町村に1961年までに国保事業の実施を
義務付けることで、ようやく国民皆保険システムが確立した。既
存の職域保険でカバーされない無職者や自営業者などを、市町村
が運営する国民健康保険でカバーすることとされ、すべての住民
がいずれかの公的医療保険への加入を義務付けられることとなっ

---

10)　いずれの医療保険にも加入していない未適用者は、零細企業の被用者で約
　　450万人、農民、自営業者などを含む国民全体で約3千万人、総人口の3分の
　　1と推計された。

た。それと同時に、国民健康保険事業が健全に行われるように、国の財政責任を明確化し、療養給付費に対する国庫負担を行うこととされた。

Column6

アメリカの医療保障システム

　アメリカでは、医療提供体制については日本と同様に主に民間部門が担っている一方で、医療保険システムについては、日本と違い、「国民皆保険システム」ではない。アメリカの医療保険システムにおいては、連邦政府と州・地方政府が所管する公的医療保険・医療扶助プログラムは一部の国民を対象としたものであり，民間医療保険が主軸となっている。すなわち、公的医療保険の対象者は高齢者と障害者に限定されており、医療扶助にカバーされうる貧困・低所得層以外には、民間医療保険、なかでも雇用主提供医療保険が医療保障を得る手段となっている。民間医療保険の加入者は、国民全体の66.5％であり、うち雇用主提供医療保険の加入者は同54.4％を占めている（2020年）。ただし、いずれの医療保険にも加入していない「無保障者」（医療保険未加入というだけではなく、医療扶助も受けていない）が構造的に存在している。2010年に、オバマ政権の下で医療保障改革法が成立したが、依然として国民全体を対象とした公的医療保険はない。

　民間医療保険の中心は、雇用先において付加給付プログラムの一環として提供される団体医療保険、すなわち雇用主提供医療保険である。改革法により、フルタイム被用者50名以上の企業に、保険提供を促すための罰則規定が設けられたが、改革法以前から、企業規模が大きいほど、提供している比率が高い。雇用主は、保険会社等から団体保険を購入するか、自家保険を採用している。

　国民は雇用先で加入する以外に、個人で保険会社などと直接契約して民間保険に加入する、あるいは医療保障改革で創設された医療保険取引所を通じて、医療保険に加入することもできる（個人購入医療保険）。医療保険取引所は、州ごとに設立された、基本的にウェブを介した民間医療保険の購入支援プログラムである。医療保険取引所を通じて医療保険に加入する場合、低中所得層を対象として、保険料補助及び患者自己負担補助も実施されている。

　公的医療保険には、主に高齢者を対象としたメディケアがある。これは、1965年社会保障法修正法により創設され，1966年7月から施行された連邦所管の唯一の公的医療保険である。当初は、社会保障年金を受給する65歳以上の高齢者のみを対象としていたが，現在は65歳未満の社会保障年金と鉄道従業員退職制度の受給資格を有する障害者、及び末期腎疾患患者も対象となっている。メディケアの給付は十分ではなく、実際の医療サービス利用に際しての自己負担があるため、その負担軽減のためにメディギャップといわれる民間医療保険プランに加入する人も多い。

　また、医療扶助プログラムには、低所得者・貧困者を対象としたメディケイド（1965年創設）と、メディケイドの受給要件を満たすほどの所得状況ではないが、自ら保険料を負担して民間医療保険に加入することが困難な低所得世帯の無保障の子ども（18歳以下）と妊産婦を対象とした「児童医療保険プログラム」（1997年創設）がある。メディケイドは、医療保障改革法以前は、低所得世帯の児童や妊婦、児童を養育する保護者、高齢者など「一定のカテゴリーに属する困窮者（Categorically needy）」をメディケイドの受給者とすることを州に求め、それを連邦補助金交付の必須条件としてきた。しかし、医療保障改革法により、2014年以降、これまで適用対象外であった者（例えば、子どものいない成人）も含め、連邦貧困基準133%以下（実際には連邦貧困基準5%に相当する所得控除が認められるため、実質的には138%以

下）のすべての者が対象となった。

　しかし、雇用主提供医療保険に加入できず、かといって個人で保険を購入することもできず、医療扶助（メディケイド等）を受給する資格のない貧困・低所得層を中心に、無保障者が数多く存在する（無保険者約2980万人、無保障率9.1％（2021年3月））。メディケアの受給資格を得る65歳以上のほとんど、またメディケイドあるいは児童医療保険プログラムの対象となりうる18歳未満の子どももほとんどが何らかの医療保障（メディケイド等含む）を得られている一方で、いわゆる勤労世代である19〜64歳の医療保険加入率は相対的に低く、無保障者問題はもっぱら非高齢者の問題であるといえる。雇用関係の途絶による保険喪失のリスクに対し、オバマ医療保障改革を経てなお、そのリスクに備える公的なセーフティネット（公的医療保険や医療扶助）が狭く、あくまで民間保険のなかでの対応にとどまっているのである（医療保険取引所を通じた保険加入に対する保険料補助等）[11]。

　こうしたアメリカの医療保障システムと日本のそれとを対比してみると、アメリカでは国民皆保険ではないゆえに、公費による医療扶助の拡充によって無保障者に対応する方向であるが、日本では国民皆保険システムの制度的基盤である国民健康保険及び後期高齢者医療制度という社会保険が無保障者を生まないよう受け止めている。それゆえに、国保や後期高齢者医療制度には手厚い公費投入及び被用者保険からの財政支援という財政調整のしくみが整備されているのである（3.4参照）。ただし、日本でも、公費による医療扶助（生活保護）は狭く、社会保険と医療扶助の間には「狭間」が存在し、無保障となるリスクがある（3.5.1参照）。

（長谷川千春）

---

11)　アメリカの医療保障システムやオバマ医療保障改革について、詳しくは長谷川（2021a）、長谷川（2023）参照。

3.2.2　国民皆保険確立後の改革

　高度経済成長期は、社会保障の拡充や医療費のかつてない増加
の時期でもあり、年金保険と同様、国民皆保険達成後の公的医療
保険においても、さまざまな課題に対する改革が実施された。

　第1に、各健康保険の給付率の引き上げが行われた。給付率と
は、医療費のうち、医療保険から支払われる医療費の割合であり、
給付率が引き上げられると、患者である被保険者が窓口で支払う
自己負担分が軽減される。被用者を対象とした健康保険では、被
用者本人の自己負担は少額の定額負担のみであり、給付率はほぼ
10割であった[12]。被用者の家族に対する給付率は5割であった
が[13]、1973年に7割に引き上げられた。他方で、国民健康保険
では、1958年新法により、給付率一律最低5割と法定され、そ
の後1963年に世帯主の給付率のみ7割に引き上げられ、1968年
に世帯員の給付率も7割に引き上げられた。

　第2に、1973年に高額療養費制度が創設された。高額療養費
制度は、ひと月当たりの患者自己負担額が一定額を超える場合に、
高額療養費として保険から給付することで、患者自己負担を軽減
するものである。1975年には国民健康保険にも導入され、当時
は患者自己負担額が月額3万円を超える場合に支給された（現在

---

12)　制度開始当初は、被保険者本人の患者自己負担がなかったが、すぐに給付
　　の濫用が問題となった。実際に、職域保険に患者自己負担が導入されたのは
　　1942年の職員健康保険法との統合後である（吉原・和田（2020））。

13)　1939年の健康保険法改正で、家族に対する給付（5割）が任意給付として
　　創設され、1942年の法改正で法定給付となった。

の制度については後述)。

　第3に、1973年に老人医療費支給制度が開始された。老人医療費支給制度は、1972年の老人福祉法改正により、70歳以上の高齢者を対象として、患者自己負担分を公費負担することで、老人医療費を「無料化」したものである。戦後の死亡率の改善に伴う人口の高齢化とともに、高度経済成長のひずみとして独り暮らし老人や寝たきり老人の問題がクローズアップされ、高齢者の生活問題への対策が求められるようになった[14]。老人医療費の公費支給による軽減や無料化は、このような対策の一環として、1960年代末から1971年までのところで、国に先駆けて多くの府県が実施する状況にあった。国による老人医療費支給制度は、所得制限があるとはいえ、多くの70歳以上の高齢者を対象としたものであり、公費負担分は、国：都道府県：市町村＝4：1：1で賄われた。

　社会保障制度全般にわたる改善が行われた1973年は「福祉元年」と言われたが、それは同時に低成長経済への入り口でもあった。1973年秋の第4次中東戦争を契機としたオイルショックが日本経済に打撃を与え、経済成長率の低下、国の財政悪化をもたらした。以後、社会保障費の膨張とそれに対する抑制策の追求、医療保険においては、給付と負担の見直しが行われることとなった。

　高齢者の自己負担については、老人医療費支給制度の開始後数年を経ずして見直し議論が出始めた。人口の高齢化、高度な医療

---

14)　1959年の国民年金法の制定や、1963年の老人福祉法の制定は、高齢者の生活問題への国としての対応といえる。

技術の進歩・普及、そして、老人医療費の無料化による「過剰受診や過剰投薬・検査」などの医療費の無駄問題が指摘され、また福祉施設等の受け皿がないために病院へ入院せざるを得ない「社会的入院」15) や寝たきり高齢者の問題が明らかとなった。高齢者医療費の急増は、高齢者加入率が高い国民健康保険の財政に大きな影響を与えることとなり、1982 年制定の老人保健法（施行は1983 年）により、70 歳以上の高齢者に再び定額の自己負担（入院 300 円／日、外来 400 円／月）が導入され、老人医療費無料化は 10 年で終止符を打つこととなった。その後、2001 年から定率1 割負担（月額上限あり）となり、2002 年 10 月からは現役並み所得者は定率 2 割負担に、2006 年 10 月からは同じく定率 3 割負担に引き上げられた。

　患者自己負担の見直しとともに、新たな高齢者医療制度の創設と医療費適正化に係る検討が行われ、2008 年 4 月から、老人保健制度に代えて、新たに後期高齢者医療制度が導入され（詳しくは 3.3.5 参照）、現在の国民皆保険システムの形となった。

　他方で、非高齢者の自己負担についても、1980、90 年代に、職域保険における患者自己負担の導入、引き上げが行われた。職域保険の被用者本人の自己負担が、1984 年以降定額負担から定率 1 割負担となり、1997 年 9 月から定率 2 割負担に、2003 年 4月から定率 3 割負担に引き上げられた。また、職域保険の被扶養者（家族）の自己負担も、1981 年から入院のみ定率 2 割負担となっていたが、2003 年 4 月から定率 3 割負担となった。これら

---

15)　第 4 章 *Column8* 参照。

の改正により、国民健康保険と被用者保険の患者自己負担は、2003 年以降、同じになった。

3.2.3　高齢社会と国民医療費

　日本の国民医療費は、国民皆保険システムの確立とその後の整備・拡充、そして第 1 章でみた人口高齢化の急速な進行により、継続的に増加している。1965 年の国民医療費は約 1.1 兆円であったが、「福祉元年」後の 1975 年には約 6.5 兆円となり、その後も増加基調が続き、2019 年度は 44.4 兆円となっている。他方で、1970 年代半ば以降の低成長経済への移行、そして 1990 年代のバブル崩壊後のマイナス基調の経済状況のなかで、国民医療費の対 GDP 比率が高まることとなった。図表 3-1 をみると、国民医療費の対 GDP 比は、1960 年代後半の 3％台から、1970 年代には 4％台となり、1990 年代前半には 5％を超えた。2000 年代には 6％を超え、2009 年以降は 7％台となり、2019 年度は 7.97％となっている。

　次に、図表 3-2 をみると、2019 年度の年齢階級別の国民医療費では、その 61.0％が 65 歳以上の高齢者に使われていることが分かる。人口割合では、子ども・現役世代：高齢者＝71.6％：28.4％であるが、医療費では高齢者により多く医療費がかかっているのである。より多く高齢者に医療費がかかるのは、高齢となるほど人口一人当たり国民医療費が高いことも一因といえる。一人当たり国民医療費は、65 歳未満では 19.2 万円であるが、65 歳以上では 75.4 万円で約 4 倍であり、さらに 75 歳以上の後期高齢者では 93.1 万円で約 5 倍となっている。

図表 3-1　国民医療費と対 GDP 比率（1960-2020 年）

出所：厚生労働省（2018）、厚生労働省（2023a）より筆者作成。

図表 3-2　年齢階級別の国民医療費（2019 年度、2020 年度）

	2019 年度			2020 年度		
	国民医療費（億円）	構成割合（%）	人口一人当たり国民医療費（万円）	国民医療費（億円）	構成割合（%）	人口一人当たり国民医療費（万円）
総数	443,895	100	35.2	429,665	100	34
65 歳未満	173,266	39.0	19.2	165,350	38.5	18.4
0 ～ 14 歳	24,987	5.6	16.4	21,056	4.9	14
15 ～ 44 歳	52,232	11.8	12.6	50,129	11.7	12.2
45 ～ 64 歳	96,047	21.6	28.6	94,165	21.9	27.7
65 歳以上	270,629	61.0	75.4	264,315	61.5	73.4
70 歳以上（再掲）	226,953	51.1	83.5	224,296	52.2	80.7
75 歳以上（再掲）	172,064	38.8	93.1	167,784	39.0	90.2

出所：厚生労働省（2023a）より作成。

　医療費の伸びは、医療提供体制の整備・拡充や、老人医療費無料化などの保険給付の充実による 1970 年代までの状況から、1990 年代以降は人口高齢化の深化の影響と、医療の高度化の影響が大きい（厚生労働省）。高齢者人口の増加は 2040 年頃まで続くと推計されており、とりわけ後期高齢者の比率が高まる一方で、少子化の進行に歯止めがかからない現状では、その医療費を支える仕組みとしての公的医療保険の持続可能性への懸念を高めることに繋がっている。

3.3　分立的な制度設計と各制度の特徴

3.3.1　医療保険制度の全体構造

　日本の公的医療保険の特徴は、「国民皆保険」であること、そして複数の制度に分立していることである。つまり、すべての国民が、複数あるいずれかの公的医療保険に加入することを義務付けられている。公的医療保険には、国民健康保険、健康保険法に基づく健康保険（全国健康保険協会管掌健康保険及び健康保険組合管掌健康保険）、船員保険、国家公務員や地方公務員、私立学校教職員の各種共済組合、後期高齢者医療制度がある。国民健康保険法の規定では、「都道府県の区域内に住所を有する者は、当該都道府県が当該都道府県内の市町村とともに行う国民健康保険の被保険者とする」（第 5 条）とされ、続く第 6 条で、被保険者にならないものとして、被用者（職域）保険の被保険者など、他の公的医療保険加入者を適用除外として列挙している。国民健康

保険の被保険者資格を持つ者でも、同業種に従事する者を対象とした国民健康保険組合（国保組合）に加入する者は適用除外となる。また、生活保護の受給者も適用除外となる。

　どの公的医療保険に加入するかは、75歳以上と75歳未満で大きく分かれる。

　75歳以上の人の保険加入先は、後期高齢者医療制度である。75歳の誕生日月を迎えると、74歳まで加入していた健康保険から脱退し、後期高齢者医療制度の加入者となる（ただし、生活保護の受給者は適用除外）。

　75歳未満の人の保険加入先は、働き方（勤め先）によって決まる。民間企業の勤め人とその家族は、主に中小企業の場合、全国健康保険協会管掌健康保険（協会けんぽ）に加入し、主に大企業の場合、健康保険組合管掌健康保険（組合健保）に加入する。国家公務員、地方公務員、私立学校教職員の場合、それぞれの共済組合に加入して、医療保険の給付を受ける。これらの職域保険に加入しない自営業者や年金生活者、非正規雇用者等は、国民健康保険に加入することとなる。つまり、国民健康保険は、国民皆保険システムの基盤的制度であるといえよう。

　実際の国民の公的医療保険の加入状況とその特徴をまとめたのが、図表3-3である。国民健康保険（市町村国保と国保組合）16）の加入者は2,932万人、被用者保険である協会けんぽは4,046万人、組合健保は2884万人、船員保険は12万人、各種共済組合は

16）　3.3.4で後述するように、国民健康保険の運営主体は、市町村だけでなく、都道府県も加わっているが、国保組合と区別する便宜上、「市町村国保」と表記する。

図表3-3　公的医療保険の加入状況とその特徴（2019年度）

	健康保険		船員保険	共済組合			国民健康保険		後期高齢者医療制度	合計
	協会けんぽ	組合健保		国家公務員共済	地方公務員共済	私学共済	市町村国保	国保組合		
保険者数	1	1,388	1	20	64	1	1,716	162	47	3,400
加入者数（万人）	4,046	2,884	12	214	546	94	2,660	273	1,803	12,531
被保険者数（万人）	2,480	1,635	6	109	288	59	2,660	273	1,803	9,313
被扶養者数（万人）	1,566	1,249	6	105	258	35	—	—	—	3,218
被保険者平均年齢（歳）	45.5	43.0	46.9	41.6	42.5	43.0	53.6	40.0	82.5	—
*加入者平均年齢（被扶養者含む）	38.1	35.2	38.7	32.3	32.5	36.7	53.6	40.0	82.5	—
65-74歳の割合（%）	7.7	3.4	10.8	—	1.4	—	43.6	—	1.7	15.4
平均標準報酬月額（万円）	29.2	38	41.9	43.1	42.3	37.5	—	—	—	—
平均賞与額（万円）	43.3	114.2	58.2	161.1	161.7	126.3	—	—	—	—
平均所得（万円）	—	—	—	—	—	—	89（1世帯当たり133）	—	86	—
加入者一人当たり保険料額（万円）	23.8	28.5	26.2	25.8	29.6	30.7	8.9	18.0	7.2	—
保険給付総額（億円）	63,287	40,849	218	2,688	8,570	1,514	86,850	4,519	156,865	365,359
加入者一人当たり保険給付額（万円）	15.6	14.2	18.2	12.6	15.7	16.1	32.7	16.6	87.0	29.2

出所：中央社会保険医療協議会（2021）、厚生労働省「我が国の医療保険について」（https://www.mhlw.go.jp/stf/seisakunitsuite/bunya/kenkou_iryou/iryouhoken01/index.html（最終確認2023年8月31日））より作成。

855 万人、後期高齢者医療制度は 1,803 万人である（2020 年 3 月
末時点）。加入者数が最も多いのは協会けんぽであり、続いて組
合健保、市町村国保となっている。

　では、図表 3-3 の各保険の特徴を見てみよう。

　第 1 に、加入者の平均年齢を見ると、市町村国保が 53.6 歳と
なっており、被用者保険である協会けんぽ、組合健保、共済組合
と比較すると、相対的に高くなっている。その要因としては、市
町村国保は 65 歳から 74 歳の前期高齢者の加入率が他の保険と比
べて高いことがある。

　第 2 に、65 歳以上 74 歳以下の前期高齢者の加入割合は、市町
村国保が 43.6% と、被用者保険である協会けんぽ、組合健保、共
済組合と比較すると、圧倒的に高いことが分かる。これは、退職
等により被用者保険を脱退して、高齢となってから市町村国保に
加入するという構造的要因から生じている。

　第 3 に、加入者一人当たり保険料を見ると、各保険制度の収入
基盤に違いがあることが分かる。協会けんぽの加入者一人当たり
平均保険料は 23.8 万円、組合健保は 28.5 万円である一方で、市
町村国保は 8.9 万円である。その背景には、各保険の被保険者集
団の経済力の差がある。被用者保険の中でも、協会けんぽの一世
帯当たりの平均所得は 260 万円であるが、組合健保は 400 万円と、
差が開いている。また、国民健康保険の 1 世帯当たりの平均所得
は 133 万円で、被用者保険のそれと比較すると低い。国民健康保
険の場合は、退職高齢者や低所得者の加入も多く、事業主による
保険料拠出もないため、被用者保険と比較して、収入基盤はより
脆弱といえる。市町村国保と協会けんぽ、後期高齢者医療制度は、

保険料だけでなく公費負担（国・地方）も重要な収入基盤となっている（各保険の財政基盤について詳しくは後述）。

　第4に、保険給付額を見ると、後期高齢者医療制度が15兆7千億円と圧倒的に多く、続いて市町村国保が8兆7千億円となっており、最も多くの保険加入者を抱える協会けんぽを上回っている。一人当たり保険給付額（保険給付総額を加入者数で割って算出）では、後期高齢者医療制度が87.0万円と最も多く、市町村国保が32.7万円となっており、高齢者を多く抱える保険制度がより多くの給付を担っていることが分かる。より収入基盤がぜい弱な保険制度が、より多くの保険給付を行うためには、公費負担とともに、保険制度間での財政調整の仕組みが重要となっている。

3.3.2　保険診療と保険給付

　公的医療保険の加入者が医療サービスを受けた場合、病院や薬局の窓口で支払うのは、かかった医療費の一部（患者自己負担分）のみである。残りの費用は、医療機関が、診療報酬として、審査支払機関を通じて医療保険者に請求し、医療機関に支払われる。このように、医療保険によって費用が賄われる診療を、保険診療という[17]。

---

17)　これに対し、自由診療とは、保険外診療ともいわれ、公的医療保険によって費用が賄われない、全額自己負担となる診療のことである。例えば、美容整形外科、眼鏡、補聴器、審美歯科など、保険事故と見なされない診療であり、原則、保険診療と自由診療との併用は禁止されている。ただし、保険外診療を受ける場合でも、「評価療養」と「選定療養」については、保険診療との併用が例外として認められている（保険外併用療養費制度）。

　診療報酬とは、保険診療に対する対価として、医療機関や保険薬局が受け取る報酬のことである。診療報酬は保険診療の範囲とともに、中央社会保険医療協議会（中医協）の議論を踏まえて、厚生労働省が決定するとされており、実質的に、中医協がその改定などを行っている。診療報酬は個々の技術やサービスを点数化して評価しており（診療報酬点数表）、医科、歯科、調剤報酬に分類されている。実際の診療報酬は、実施した医療行為ごとにそれぞれの項目に対応した点数が加えられ、1点の単価を10円として計算して算出される。つまり、診療報酬点数表は、技術やサービスの公定価格の単価表といえる。例えば、初診料（1回につき）は270点で、再診料（1回につき）は69点である。

　投薬については、医師による処方料は42点、薬剤師による薬剤の調剤料は9点とされているが、薬剤の費用そのものについては、薬価基準によって定められている。薬価基準とは、保険医療機関等において使用できる医薬品の品目表であるとともに、その医薬品を診療において使用した場合、薬剤について、保険者に請求することのできる費用算定の基礎となる価格表である。薬価基準で定められた価格は、医療機関や薬局に対する実際の販売価格（市場実勢価格）を調査して、その結果に基づき定期的に改定される。

　保険給付は、法定給付と付加給付に大別され、さらに法定給付は①医療給付（現物給付）と②現金給付の二つに分類できる。法定給付とは、健康保険法等の法律で給付の種類や要件などが定められている、保険者が必ず給付しなければならない給付のことである。他方、付加給付は、健康保険組合などが、それぞれ独自の規約に基づいて、法定給付に加えて任意に行う給付のことであ

る[18]。

　公的医療保険はそれぞれ分立しているが、その法定給付の内容はほぼ統一されている（図表3-4）。

　①の医療給付（現物給付）について、その種類、保険からの給付率（患者自己負担）は、すべての公的医療保険で統一されている。患者自己負担は、義務教育就学前で2割、義務教育就学後〜70歳未満で3割、70歳以上75歳未満で2割（現役並み所得者は3割）、75歳以上は1割（現役並み所得者は3割、現役並み所得者以外の一定所得以上の者は2割）であるが、実際は、地方公共団体（都道府県・市町村）が独自に、高齢者や子どもを対象とした医療費助成制度を行うことで、より低い自己負担となっている[19]。ただし、対象年齢や助成条件、助成額は、地方公共団体によりさまざまである。

　また、高額療養費制度、高額医療・高額介護合算制度も共通している。高額療養費制度は、医療機関や薬局の窓口で支払った額が、1か月間（暦月）で一定額を超えた場合に、その超えた金額を支給する制度である。窓口負担の上限額は、年齢と所得に応じて、段階的に区分されて定められている。また、世帯合算や多数該当などにより、さらに負担を軽減する仕組みもある。他方、高額医療・高額介護合算制度（2008年4月〜）は、同一世帯の医

---

18)　付加給付は、健康保険組合や共済組合など一部の保険者が独自に行っている。例えば、加入者の患者自己負担（窓口負担）が一定額を超えた場合に、自己負担限度額を超えた部分について独自に給付を行っている（厚生労働統計協会（2022））。

19)　詳しくは、長谷川（2021b）参照。

図表 3-4　公的医療保険の保険給付の内容

	保険給付				
	法定給付				付加給付
	医療給付			現金給付	付加給付
	患者自己負担	入院時食事療養費	高額療養費制度／高額介護・高額医療合算療養費制度		
全国健康保険協会管掌健康保険	義務教育就学前 2割 義務教育就学後から70歳未満 3割 70歳以上75歳未満（※） 2割（現役並み所得者3割） （※）2014年3月までにすでに70歳に達している者1割	食事療養標準負担額 1食につき460円 ①住民税課税世帯 1食につき360円 ②住民税非課税世帯 90日目まで 1食につき210円 91日目から 1食につき160円 ③特に所得の低い住民税非課税世帯（70歳以上）1食につき100円	**高額療養費制度** ①自己負担限度額（ひと月） 70歳未満の者 〈年収約1,160万円〜〉 252,600円＋（医療費−842,000円）×1％ 〈年収約770万円〜約1,160万円〉 167,400円＋（医療費−558,000円）×1％ 〈年収約370万円〜約770万円〉 80,100円＋（医療費−267,000円）×1％ 〈〜年収約370万円〉 57,600円 〈住民税非課税〉 35,400円 70歳以上75歳未満の者 〈年収約370万円以上の現役並み所得者〉 70歳未満の者と同様 〈一般（年収156万〜約370万円）〉 57,600円 外来（個人ごと）：18,000円（年144,000円） 〈住民税非課税世帯〉 24,600円 外来（個人ごと）：8,000円 ＊住民税非課税世帯のうち特に所得の低い者 〈年金収入80万円以下等〉	出産育児一時金 埋葬料 傷病手当金 出産手当金	なし
健康保険				同上	あり

健康保険	外来（個人ごと）8,000円 ②世帯合算基準額 複数の受診や同じ世帯の同一保険加入者の受診について、それぞれの患者自己負担額を1か月単位で合算して、請求できる。 ただし、70歳未満の者の受診については、同一月における21,000円以上の自己負担のみ合算して、請求できる。 ③多数該当の負担軽減 12か月間に3回以上、上限額に達した場合、4回目から自己負担限度額を引き下げる。 **70歳未満の者** 〈年収約1,160万円〜〉140,100円 〈年収約770万円〜約1,160万円〉93,000円 〈年収約370万円〜約770万円〉44,400円 〈〜年収約370万円〉44,400円 〈住民税非課税〉24,600円 *70歳以上の場合、住民税非課税区分の多数回該当の適用はなし。	出産育児一時金、葬祭費 *傷病手当金、出産手当金は任意給付（実施なし）
国民健康保険	**高額医療・高額介護合算療養制度** 世帯内の同一の医療保険加入者について、1年間（毎年8月〜翌年7月）の医療保険と介護保険における自己負担の合算額が、基準額を超えて高額になる場合に、その超えた額を支給する仕組み。自己負担限度額は、所得と年齢に応じてきめ細かく設定されている。	なし

出所：厚生労働統計協会（2022）、厚生労働省各種資料より筆者作成。

Column7

出産にかかる費用と出産育児一時金

　出産は原則として公的医療保険の医療給付の対象ではなく、全額自己負担であるが、出産育児一時金により負担軽減が図られている。出産育児一時金は1994年に創設され、当時の支給額は30万円であった（2006年9月まで）。その後、出産費用の状況などを踏まえて、職域保険については政令で、市町村国保については条例で、出産育児一時金の引き上げが行われてきた[20]。

□2006年10月：30万円→35万円
□2009年1月：35万円→原則38万円（本来分35万円＋産科医療補償制度掛金分3万円）
□2009年10月：原則38万円→原則42万円（本来分39万円＋掛金分3万円）
　　　　　　：出産育児一時金の直接支払制度導入
□2011年4月：原則42万円を恒久化
□2015年1月：原則42万円（本来分39万円→40.4万円に引上げ＋掛金分3万円→1.6万円に引下げ）
□2023年4月：原則50万円

療保険の患者自己負担と介護保険の利用者負担の1年間の合計額が、規定の上限額を超えた場合、その超えた額が高額介護合算療養費として支給される制度である。

　②の現金給付は、職域保険である健康保険、共済制度と、地域保険である国民健康保険、後期高齢者医療制度で若干違いがある。

---

20)　厚生労働省社会保障審議会医療保険部会資料（令和2年12月2日）による。

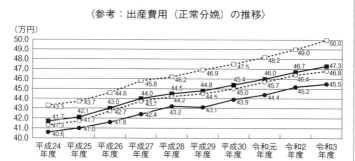

〈参考：出産費用（正常分娩）の推移〉

- ■ 全施設の出産費用（室料差額等除く）
- ● 公的病院の出産費用（室料差額等除く）
- □ 私的病院の出産費用（室料差額等除く）
- ○ 診療所の出産費用（室料差額等除く）

データ：厚生労働省。室料差額、産科医療補償制度掛金、その他の費用を除く出産
　費用の合計額。
※：平成 24 年以降、出生数は年間平均 2.5％減少傾向（2020 年人口動態統計）。
出所：厚生労働省社会保障審議会医療保険部会資料（令和 4 年 12 月 15 日）。

（長谷川千春）

出産育児一時金[21] 及び埋葬料（葬祭費）[22] については、いずれ
の制度でも給付される。出産育児一時金は、*Column7* にあるよ

---

21)　後期高齢者医療制度では出産に対する給付はない。また、健康保険の被扶
　養者については、「家族出産育児一時金」の名称で給付される。
22)　国民健康保険及び後期高齢者医療制度では、「葬祭費」の名称で給付され、
　その支給額は条例又は規約により定められており、1 万円から 5 万円程度と幅
　がある。

うに、出産費用の上昇への対応と、少子化対策の一環として、引き上げられてきている。他方、傷病手当金は、業務外の事由による療養のために、あるいは出産手当金は、被保険者本人が出産のために休職しているために、働けない間の所得保障として給付されるものであり、職域保険では法定給付であるが、国民健康保険では任意給付である。

3.3.3　労働者とその家族を対象とした健康保険

　労働者とその扶養家族を対象とした健康保険には、民間企業に勤務する被用者を対象とした健康保険制度と、国家公務員及び地方公務員、そして私立学校教職員を対象とした各共済制度がある。健康保険制度と共済制度では、若干の違いがあるものの、被用者保険としての共通した特徴がある。以下では、健康保険制度を対象にみていく。

　健康保険法では、労働者またはその被扶養者の業務災害以外の疾病、負傷若しくは死亡または出産に関して保険給付を行うとされており[23]、常時5人以上の従業員を使用するほぼすべての事業所及び国や地方公共団体、株式会社等の法人事業所（常時5人未満も含む）は、事業主や従業員の意思に関係なく、適用事業所として、健康保険が強制適用される[24]。適用事業所に雇用される従

---

23)　業務災害の場合は、労働者災害補償保険の適用となる。

24)　適用事業所に当てはまらない5人未満の個人事業所等でも、被保険者となる従業員の2分の1以上の同意を得ることで、認可を得て、適用事業所とすることができる。

業員は、日雇い等臨時雇用の場合を除き、原則として健康保険の被保険者となる。この被保険者の扶養家族は、被扶養者として同じ健康保険に加入することとなる。退職後も被保険者の申し出により、2年間を限度として引き続きそれまでの健康保険の被保険者となることができる制度もある（任意継続被保険者制度[25]）。

健康保険の保険者は、全国健康保険協会及び健康保険組合である。一定規模以上（従業員700人以上（政令で定める））の企業は、国の認可を受けて「健康保険組合」を単独で設立（単一健保組合）するか、同業種の複数の企業（従業員3,000人以上）が共同で設立（総合健保組合）することで、健康保険事業を行うことができる。ただし、この条件を満たす企業に対して組合設立が義務付けられているわけではなく、組合が設立されていない、あるいは組合が解散されるなどしてなくなった場合は、その従業員と扶養家族は全国健康保険協会が管掌する健康保険に加入することになる。そういう意味では、全国健康保険協会は、被用者保険の基礎的制度といえる。

健康保険組合が提供する健康保険は、健康保険組合管掌健康保険、通称「組合健保」である。保険料率は組合ごとに異なり、自らの企業の福利厚生の充実のために、自主的な責任のもと、より効率的な事業運営を行っている。また、組合ごとに独自の付加給

---

25) 任意継続被保険者制度とは、資格喪失日（退職した日等）の前日までに、継続して2か月以上の被保険者期間があり、本人が希望して手続きすれば、その後2年間健康保険を継続できる制度である。ただし、保険料の事業主拠出はなく全額拠出する必要があり、また保険料滞納すれば即刻資格を喪失することになる。また、任意でやめることはできなかったが、2022年より被保険者が希望すれば資格喪失が認められるようになった。

付を実施している²⁶⁾。ただ、健康保険組合は、1989 年度は 1,818
組合あったが、2000 年代に入って徐々に減少し始め、2009 年度
は 1,473 組合、2019 年度には 1,388 組合にまで減少している[27]。

　全国健康保険協会が提供する健康保険は、全国健康保険協会管
掌健康保険、通称「協会けんぽ」である。2008 年 9 月までは、
保険者は国（社会保険庁）であり、「政府管掌健康保険」と言わ
れていたが、社会保険庁の廃止とともに、2008 年 10 月以降、全
国健康保険協会（公法人、非公務員）に移行した。全国健康保険
協会は保険者としては 1 つであり、都道府県ごとに 47 支部ある。
保険料率も都道府県単位で決められている。

　組合健保と協会けんぽは、先述のように同じ法定給付を行って
おり、保険料の算定方法は共通しているが、その保険料率及びそ
の負担については、保険者により異なる。まず、保険料の算定方
法は、被保険者の標準報酬月額及び標準賞与額に対して、規定の
保険料率を掛け合わせて算出される（実際の保険料納付は、介護
保険料と合わせて行われる）。事業主は、事業主負担分と被保険
者負担分を合わせた保険料を保険者に納付する義務がある[28]。

　組合健保の保険料率は、組合ごとに異なっている。保険料は、
協会けんぽとほぼ同様に、保険給付や組合独自の付加給付等に充

---

26)　付加給付は、協会けんぽにはない。付加給付の内容については、厚生労働
　　統計協会（2022）参照。

27)　健康保険組合連合会（2011）、健康保険組合連合会（2023）による。

28)　育児休業等をしている被保険者については、事業主の申し出により、育児
　　休業期間中の保険料（育児休業開始日が属する月から、終了日の翌日が属す
　　る月の前月までの月分）及び産休期間中の保険料（2014 年 4 月開始）が免除
　　される。

てる基本保険料と、後期高齢者支援金等に充てる特定保険料から算出される。組合健保の平均保険料率は9.22%であり、協会けんぽの平均保険料率10%を下回る組合が全体の約78%である一方で、10%以上の組合も約22%（303組合）存在する（2019年度）。また、保険料の負担は、労使折半を基本としつつ、規約により事業主の負担割合を増やすことができる。実際、事業主の負担割合が高い組合が多く、事業主負担平均は5.01%、被保険者負担平均は4.21%である。

　協会けんぽの保険料率は、2008年までは全国一律の保険料率（8.2%）だったが、2009年9月までに、都道府県ごとの保険料率に移行した。保険料率は、保険給付等に充てる基本保険料率と、後期高齢者支援金等に充てる特定保険料率を合わせたものであり、特定保険料については全国一律で定められている。2019年度の協会けんぽの平均保険料率は10.0%であるが、都道府県間で9.63%（新潟県）～10.75%（佐賀県）の幅がある。また、保険料の負担は、基本的に労使折半である。

　組合健保の保険料率が協会けんぽのそれより相対的に低く設定されているのは、組合健保のほうが協会けんぽよりも被用者の平均標準報酬月額や平均標準賞与額が高いからである[29]。図表3-5で見てみると、協会けんぽ、組合健保それぞれの平均標準報酬月

---

29)　標準報酬月額及び標準賞与額は、被保険者の賃金・給料・賞与などの報酬を、標準報酬等級（被保険者の報酬額を区切りの良い幅で区分）に当てはめて決定される。健康保険制度の標準報酬月額は、第1級の5万8千円から第50級の139万円までの全50等級に区分しており、標準賞与額は千円未満を切り捨てた額で決定される（累計年度上限は573万円）。

図表 3-5　事業所の規模別被保険者構成割合、扶養率、平均標準報酬月額及び平均標準賞与額

規模別	協会（一般）				組合健保			
	構成割合	扶養率	平均標準報酬月額	平均標準賞与額	構成割合	扶養率	平均標準報酬月額	平均標準賞与額
	%		円	円	%		円	円
総　　数	100.0	0.620	290,274	406,951	100.0	0.737	373,235	1,093,282
1 〜 4 人	10.1	0.790	295,626	143,018	0.3	0.612	383,386	350,366
5 〜 9	9.6	0.695	319,055	286,775	0.5	0.608	388,641	512,613
10 〜 19	11.3	0.672	315,885	366,164	1.2	0.656	386,796	604,344
20 〜 29	7.2	0.645	305,166	423,481	1.1	0.680	374,101	639,674
30 〜 49	8.9	0.641	298,648	447,356	2.3	0.664	371,364	709,903
50 〜 99	11.8	0.618	287,869	476,561	4.9	0.688	362,545	773,093
100 〜 299	16.7	0.585	280,592	512,114	13.4	0.696	356,850	877,027
300 〜 499	6.1	0.562	279,718	540,738	8.1	0.691	355,748	959,901
500 〜 999	6.4	0.541	276,842	534,028	11.9	0.727	368,098	1,058,329
1,000 人以上	11.1	0.430	254,694	369,858	53.8	0.768	385,237	1,250,209
任意継続分	1.0	0.799	225,362	—	1.3	0.722	296,627	—
特例退職分	・	・	・	・	1.1	0.786	290,465	—

注：平均標準賞与額は、令和 2 年 10 月 1 日現在の被保険者について、令和元年 10 月 1 日から令和 2 年 9 月 30 日の 1 年間に支払われた標準賞与額の平均を任意継続被保険者及び特例退職被保険者を除いて算出している。
出所：厚生労働省（2021b）より作成。

額は、29.0 万円、37.3 万円、平均標準賞与額は、40.7 万円、109.3万円と大きく開いている。また、事業所規模が大きいほど平均標準報酬月額及び平均標準賞与額が高く、規模の大きな事業所は組合健保のほうが多い。さらに、同じ事業規模でも、組合健保のほうがその平均額はいずれも高くなっている。

3.3.4　国民健康保険

　被用者保険に加入しない 75 歳未満の人は、地域保険である国民健康保険に加入する。3.3.1 で見たように、国民健康保険法の規定では、「都道府県の区域内に住所を有する者は、当該都道府県が当該都道府県内の市町村とともに行う国民健康保険の被保険者とする」（第 5 条）とされ、続く第 6 条で、被保険者にならないものとして、被用者（職域）保険の被保険者など、他の公的医療保険加入者、国保組合の被保険者、生活保護受給者を適用除外としている。つまり、適用除外とされる公的医療保険加入者・生活保護受給者を除くすべての国民が、市町村及び都道府県が管掌する国民健康保険（市町村国保）の被保険者となる。このことから、国民健康保険は、国民が切れ目なく医療保障を受けることができるよう設計された「国民皆保険システム」の基盤であり、要であるといえる。

　国民健康保険の保険者は、市町村及び都道府県である[30]。2017 年度以前は、国民健康保険の保険者は、市町村及び特別区のみであったが、2018 年度より、国民健康保険の実施責任主体が、都道府県及び当該都道府県内の市町村（特別区含む）となり、市

---

30)　ただし、国民健康保険の被保険者資格を持つ者で、同業種に従事する 300 人以上の組合員で組織される「国民健康保険組合」を設立することで（都道府県知事の認可が必要）、同組合が市町村・都道府県に代わって、国民健康保険事業を行うことができる。国民健康保険組合を設立している業種には、医師、歯科医師、薬剤師、弁護士、土木建築業、理容美容業、浴場業などがあり、全国で 159 組合ある（2023 年 4 月時点）（（一社）全国国民健康保険組合協会 HP）。

町村と都道府県が国民健康保険の運営を協力して行うこととなった。2018年度の国民健康保険の都道府県単位化は、国民健康保険の構造的課題への対応を目的として行われた。市町村国保の構造的課題として指摘されたのは、以下の点である。まず、職域保険と比べて、年齢構成が高く、医療費水準が高い一方で、所得水準が低く、保険料負担が非常に重いことである。また財政運営が不安定になるリスクの高い小規模保険者が存在している。市町村の保険料が過重とならないよう一般会計から繰入・繰上充用を行っていることも課題とされた。そもそも、一人当たり医療費は、都道府県間でも1.4倍、保険者別では3.1倍の格差がある（厚生労働省（2021c））。ゆえに、より大きな規模の都道府県単位で財政的な安定を図るとともに、全国規模での費用負担の調整の仕組みや、低所得者の保険料軽減などによる収入減や高額な医療費については、国や都道府県、市町村が公費を出し合って補填する仕組みを強化した。

　ただし、2018年度以降も、市町村は引き続き、住民に身近な行政窓口として、資格管理、保険給付、保険料率の決定、賦課・徴収、保健事業など地域におけるきめ細かい事業を引き続き担うとされ、都道府県は財政運営の責任主体として、安定的な財政運営や効率的な事業運営の確保などの役割を担うとされた。具体的には、都道府県は、毎年度、市町村ごとの医療費水準と所得水準を考慮した標準保険料率を算定して公表し、市町村は、その標準保険料率を参考に、独自に保険料（税）を決定することとなった[31]。

　保険料は、市町村により、所得割、資産割（以上は応能負担）、被保険者均等割、世帯平等割（以上は応益負担）の4つの賦課方

式から、応能分と応益分を組み合わせて算定する。市町村によっ
ては、保険料ではなく、地方税法にのっとり、保険税として徴収
するところもあるが、基本的な算定の考え方は同じである[32]。
例えば、京都市は、所得割、被保険者均等割、世帯平等割の3賦
課方式で保険料を徴収しているが、東京都八王子市は、所得割と
被保険者均等割の2賦課方式で保険税を徴収している。年収500
万円のモデル世帯【父：自営業、45歳。母：専業主婦、45歳。
子ども：学生、18歳の3人世帯】で、それぞれの都市の国民健
康保険料（税）を算定してみると（2019年度保険料率）、八王子
市では約48.9万円、京都市では約60.7万円となる。毎年度の保
険料率は、地域の医療費や保険給付の実態、所得状況などを加味
して改訂されており、同じ市町村国保でも、地域間で格差がある
のが現状である。

　また、国民健康保険は、国民皆保険システムの基盤的制度であ

---

31)　国民健康保険は、保険者に都道府県が加えられ、財政運営の責任主体とし
　　て位置づけられた2018年度以降も引き続き、国や地方公共団体において「市
　　町村国保」と略称されている。それは、保険料（税）の設定が引き続き市町
　　村単位であり、国保事業の基本的業務は引き続き市町村が担うことなどが理
　　由と考えられる。

32)　国民健康保険法第76条では、市町村は「保険料」を徴収しなければならな
　　いと規定されており、但し書きで、これに代えて地方税法の規定により「国
　　民健康保険税」を課すことができるとされている（国民健康保険料は、国税
　　徴収法の規定による）。保険料とするか保険税とするかでは、加入者が滞納し
　　た場合への徴収権に違いがあり、例えば、市町村の徴収権の消滅時効の期間
　　は、保険料の場合2年、保険税の場合5年となっている。そのため、保険税
　　として徴収する市町村のほうが多い（保険税採用市町村：1,503、保険料採用
　　市町村：238（総務省（2020）））。

るため、構造的に退職高齢者や非正規雇用等の低所得層・経済的
不安定層を引き受けている。世帯主の職業別で見ると、市町村国
保の加入世帯のうち農林水産業やその他自営業は18.2％にすぎず、
被用者が32.7％、無職が44.8％となっている（残る4.3％は「その他の職業」）33)。

　以上のことから、国民健康保険料（税）には、軽減措置が設けられている。

　第 1 の軽減措置は、世帯の所得が一定額以下の低所得世帯を対象に、応益分保険料（税）について、7 割、5 割、または 2 割を軽減するというものである。実際、2019 年度において、市町村国民健康保険に加入している世帯の 6 割は軽減世帯である。第 2 の軽減措置は、非自発的失業者（倒産・解雇・雇止め等により退職した人）を対象とした国民健康保険料の軽減措置である（2010年 4 月〜）。失業時からその翌年度末までの間、前年所得の給与所得を 100 分の 30 とみなして算定することで、保険料を軽減する。これにより、在職中と同程度の保険料負担で、被用者保険から国民健康保険に加入できるようにしている。第 3 の軽減措置は、子供（未就学児）の均等割保険料を減額する措置である（2022年 4 月〜）。これは、子育て世帯の経済的負担を軽減するという観点から、所得制限なく、国民健康保険に加入するすべての未就学児を対象として、医療分と後期高齢者支援分の均等割保険料を、公費によって軽減している。またこれら以外にも、災害や盗難、失業休廃業、低所得者の大幅な所得減少などを理由として、保険

---

33)　2019 年度の数値（厚生労働省（2021a））。

料（税）の減免措置を設けている市町村もある[34]。

3.3.5 後期高齢者医療制度

　すべての国民は、75歳になると、それまで加入していた公的医療保険を脱退して、後期高齢者医療制度に加入する。後期高齢者医療制度の被保険者は、75歳以上の後期高齢者と一部の65歳以上の障がい者となっている[35]。ただし、国民健康保険と同様、生活保護受給者は適用除外である。後期高齢者医療制度は2008年から開始された比較的新しい公的医療保険である。3.2.2で見たように、老人保健法を全面改正した「高齢者の医療の確保に関する法律（高齢者医療確保法）」によって、後期高齢者医療制度の設立とともに、65歳以上74歳までの前期高齢者の医療費の財政調整の仕組みも導入された（詳しくは、3.4.2参照）。

　後期高齢者医療制度の保険者は、すべての市町村（特別区含む）が参加する都道府県単位の広域連合である。例えば、京都府後期高齢者医療広域連合は、京都府下のすべての市町村が参加して設立されている。このような形式になったのは、従来老人保健制度を運営していたのは市町村であったため、引き続き市町村は、住民に身近な行政窓口として、保険料の徴収や納付相談、各種届出や被保険者証の交付などを担うとされたものである。一方で、広域連合は、都道府県単位での保険料の決定、被保険者証の作成、

---

34) 新型コロナウイルス感染症の影響による収入減世帯への減免措置（死亡・重篤と収入減の2種類）がとられたところもある。

35) 65歳以上74歳で一定の障がいがある場合、本人が申請することで後期高齢者医療制度に加入することができる。

医療給付などを行っている。

　後期高齢者医療制度の保険料は、都道府県単位で均一の保険料率となっており、2年毎に改定されている。保険料賦課方式は、被保険者均等割（応益負担）と所得割（応能負担）の2方式で統一されている。全国平均の保険料（年額）は年々上昇傾向にあり、2018-2019年度は均等割額45,116円、所得割率8.81％、2020-2021年度は同46,987円、9.12％、2022-2023年度は同47,777円、9.34％となっている。被保険者一人当たり平均保険料額（月額）で見ると、制度開始時点（2008-2009年度）の5,283円から、2018-2019年度には5,958円に上昇しており、さらに都道府県単位の広域連合間でも差が生じている[36]。

　また、後期高齢者医療保険制度においても、国保同様に、保険料の軽減措置が設けられている。ただし、後期高齢者医療制度では、応益分である均等割額の軽減だけでなく、所得割額についても、被保険者本人の所得金額をもとに軽減する措置も設けられている。2008年の制度導入では、これまで被扶養者として本人の保険料負担なく被用者保険に加入していた人に、新たに保険料負担が生じることになったことから、激変緩和を目的とした保険料軽減の特例措置が設けられた。それらの特例措置は徐々に見直され、所得割については2018年度から特例が廃止され、均等割については2021年度から特例が廃止された（元被扶養者だった人の均等割の特例措置は、2019年度から廃止（ただし、所得割に

36）　2018-2019年度の被保険者一人当たり平均保険料額（月額）で見ると、秋田県が3,485円で最も低く、東京都が8,265円と最も高くなっている（厚生労働省（2020））。

ついては賦課しないという特例措置を継続))。

3.4 財政構造の特徴と財政調整の仕組み

　複数の公的医療保険制度が分立しているということは、その財源についてもそれぞれの被保険者からの保険料を基礎的な収入基盤とするということになる。しかし、すでに見てきたように、各制度の収入基盤については、保険料算定の基礎となる報酬や所得状況の違い、被保険者集団の規模の違い等があることから、制度間での保険給付の統一性を維持し、国民皆保険システムを維持するうえでは、公的資金の投入は不可欠である。また現役時代は被用者保険に加入していた人たちの多くが、退職とともに地域保険(国民健康保険や後期高齢者医療制度)に移動するため、保険制度間での高齢者の加入状況に偏在が生じる。ゆえに、医療の必要性が高い高齢者の医療費負担については、その負担の公平化を図るために、保険制度間での財政調整の仕組みも重要である。

3.4.1 公的医療保険の財政構造

　図表3-6は、2019年度の公的医療保険制度の決算状況を示しており、これを見ながら、各公的医療保険制度の財政構造を見てみよう。

　まず、被用者保険である協会けんぽの収入は、保険料、国庫負担及びその他(健康保険組合等の財政支援金等)により賄われている。協会けんぽは、すでに見たように、組合健保や共済組合と比較して、その報酬が相対的に低いことから、安定的な財政運営

（億円）

図表 3-6　公的医療保険制度の決算（収支）状況（2019 年度）

| | | 健康保険 | | 船員保険 | 共済組合 | | | 国保 | | 後期高齢者医療制度 | 合計 |
		協会けんぽ	組合健保		国共済	地共済	私学共済	市町村国保	国保組合		
経常収入	保険料	95,939	82,437	312	5,503	16,079	2,876	23,888	4,916	12,949	244,899
	国庫負担	12,113	27	29	—	—	—	31,080	2,598	51,060	96,906
	都道府県負担	—	—	—	—	—	—	10,486	47	15,319	25,852
	市町村負担	—	—	—	—	—	—	6,271	—	13,449	19,720
	後期高齢者交付金	—	—	—	—	—	—	—	—	64,932	64,932
	前期高齢者交付金	—	1	—	—	—	—	34,988	44	—	35,034
	退職者交付金	—	—	—	—	—	—	37	—	—	37
	その他	607	1,172	1	31	1,173	21	126,043	199	288	129,535
	合計	108,659	83,637	343	5,534	17,252	2,897	232,792	7,804	157,998	616,915
経常支出	保険給付費	63,668	41,178	204	2,688	8,570	1,522	87,353	4,553	157,447	367,182
	後期高齢者支援金	20,999	19,773	71	1,546	4,032	715	15,886	1,686	—	64,708
	前期高齢者納付金	15,246	14,550	29	1,050	3,004	433	64	570	—	34,946
	退職者拠出金	2	18	0	0	0	0	—	0	—	21
	その他	3,383	5,619	7	9	1,127	29	129,011	847	868	140,901
	合計	103,298	81,139	311	5,293	16,733	2,699	232,314	7,657	158,314	607,757
経常収支差　A		5,361	2,498	32	241	519	198	479	147	▲317	9,158
（参考）2018 年度決算		5,930	3,052	33	246	502	83	1,677	312	▲10	11,825
経常外収入		38	3,224	—	—	—	—	—	—	—	3,262
経常外支出		—	1,340	—	—	—	—	—	—	—	1,340
経常外収支差　B		38	1,883	—	—	—	—	—	—	—	1,921
総収支差　C＝A＋B		5,399	4,382	32	241	519	198	479	147	▲317	11,079
（参考）2018 年度決算		5,948	4,728	33	246	502	83	1,677	312	▲10	13,520
その他　D		—	▲336	—	—	—	—	—	—	—	▲336

出所：中央社会保険医療協議会（2021）より作成。

のため、健康保険法において「16.4％から20％の範囲で政令で定
める割合」で国庫補助を行うとされている。実際、2010年度以降、
国庫補助率は給付費等の16.4％となっている。2019年度の協会
けんぽの収入10.9兆円のうち、保険料が9.6兆円（約88％）、国
庫負担が1.2兆円（約11％）となっている。組合健保の主たる収
入源は保険料であり、国庫負担は原則として事務費補助のみであ
る[37]。2019年度の組合健保の収入8.4兆円のうち、保険料が8.2
兆円（約99％）、国庫負担が27億円（1％未満）である。共済組
合については、ほぼ保険料収入のみで賄われている。

　それに対し、国民健康保険の収入を見ると、保険料（税）だけ
ではなく、国庫負担と地方負担（都道府県及び市町村）も重要な
位置を占めている。国民健康保険財政の基本原則として、後述す
る被用者保険からの前期高齢者医療費負担への財政支援である
「前期高齢者交付金」を除く医療給付に必要な経費について、保
険料50％、国・都道府県の租税資金50％で確保することを基本
としている。公費負担50％分の内訳は、定率国庫負担が32％、
調整交付金（都道府県ごとの財政力の不均衡を調整するために交
付される）が9％で国庫負担分が計41％、都道府県繰入金が9％
となっている。ただ、2019年度の市町村国保の保険給付費8.7兆
円に対して、被保険者の保険料は2.4兆円で約27％にすぎず、国
庫負担が3.1兆円で約36％、都道府県負担が1.0兆円で約12％、
市町村負担（決算補填のための法定外繰入含む）が0.6兆円で約

---

[37]　ただし、これとは別に、国庫補助事業として、前期高齢者納付金及び後期
　　　高齢者支援金の負担が重い被用者保険者を対象とした高齢者医療支援金等負
　　　担金助成事業費や特定検診・保健指導に対する補助金などもある。

7％となっている。つまり、被保険者の保険料の約 2 倍の租税資金がその財源として投入されている。また、前期高齢者交付金は3.5 兆円で、他の収入源を上回る額となっている。

　後期高齢者医療制度の収入においても、被保険者による保険料より、公費負担及び他の保険制度からの後期高齢者支援金（後述）が大きな位置を占めている。後期高齢者医療制度の医療給付に必要な財源については、公費負担が全体の 5 割（国：都道府県：市町村＝4：1：1）、被保険者の保険料が 1 割、現役世代からの後期高齢者支援金が 4 割、で確保することを基本としている。ただし、後期高齢者の負担割合については、2008 年度の 10％を起点として、「現役世代人口の減少」による現役世代の一人当たりの負担の増加分を、高齢者と現役世代で折半して設定するということにしており、この後期高齢者負担率は徐々に引き上げられ、2018-2019 年度は 11.18％となっている。実際のところ、2019 年度の後期高齢者医療制度の保険給付費 15.7 兆円に対して、被保険者の保険料は 1.3 兆円で約 8％であり、国庫負担が 5.1 兆円で約 32％、都道府県負担が 1.5 兆円で約 10％、市町村負担が 1.3 兆円で約 9％、後期高齢者支援金が 6.5 兆円で約 41％となっている。被保険者の保険料が 1 割より少ないのは、保険料軽減措置などにより調定額よりも保険料収入が少なくなっており、その分を公費負担（租税資金）によって賄っているからである。

　次に、各保険制度の支出に着目すると、それぞれの被保険者らに対する保険給付費が大半を占める一方で、後期高齢者医療保険制度以外の保険制度においては、後期高齢者支援金及び前期高齢者納付金が大きな位置を占めている。この点については、項を変

えて見ていこう。

3.4.2 高齢者医療に関わる財政調整のしくみ

　高齢者の医療費負担については、高齢者比率の高い市町村国保
が、医療の必要性が高い高齢者の医療費負担を過重に担わざるを
えない、という分立的な皆保険システムゆえの構造的問題を抱え
ていた。これに対し、2006 年「高齢者の医療の確保に関する法
律（高齢者医療確保法）」による医療保険改革によって、第 1 に、
後期高齢者医療制度の設立とともに、第 2 に、65 歳以上 74 歳ま
での前期高齢者の医療費の財政調整の仕組みが導入された。

　まず、第 1 の後期高齢者医療制度の設立の背景であるが、旧老
人保健制度は、保険者の共同事業として、保険制度間での負担の
不均衡の是正を図るものであり、高齢者の医療費を国民全体で支
える仕組みであった。しかし、高齢者と現役世代の負担割合が不
明確であること、個々の高齢者の保険加入先によって、同じ所得
でも保険料負担に違いがある（被扶養者として被用者保険に加入
している場合は本人の保険料負担がないが、国民健康保険では、
被保険者として保険料拠出が求められる等）、などの問題が指摘
されていた。

　これに対し、新たに創設された後期高齢者医療制度では、先述
のように、世代間の負担割合を明確化した（公費：現役世代：後
期高齢者 = 5：4：1）。また、75 歳以上という年齢で区分して独
立した医療保険を創設し、後期高齢者個々人を被保険者としたこ
とで、高齢者間での保険料負担の公平化を図った。そして、保険
者間での負担の公平化を図るために、主に現役世代が負担する後

期高齢者支援金の分担方法についても定められた。後期高齢者支援金の分担方法として、制度開始当初（2008-2009年度）は、各保険者の加入者数に応じて各保険者の支援金額が決定される方式（加入者割）とされた。しかし、2010年度以降は、3分の2については加入者数に応じた負担分（加入者割）とする一方で、3分の1については各被用者保険者の総報酬額に応じて負担額を決定する「総報酬割」が導入された。被用者保険間での財政力のばらつきにより、加入者数に応じた負担では、財政力の弱い保険者の負担が相対的に重くなることから、負担能力に応じた負担とする観点から総報酬割は導入されたといえる。2017年度からは、全面総報酬割に移行している。図表3-6を見ると、2019年度の後期高齢者交付金（後期高齢者医療制度の収入）は6.5兆円であり、その財源である後期高齢者支援金（各保険制度の支出）は、協会けんぽが約2.1兆円、組合健保が約2.0兆円、市町村国保が約1.6兆円となっている。

　第2の前期高齢者に係る財政調整の仕組みは、後期高齢者医療制度のような独立した制度ではなく、あくまで各保険制度間での医療費負担の不均衡を調整するための仕組みである。前期高齢者の約7割が国民健康保険に加入しているため、前期高齢者交付金を受け入れるのは、おもに国民健康保険である。他方、前期高齢者納付金の出し手は、後期高齢者医療制度以外で、国保も含まれる。前期高齢者に係る財政調整の基本的な考え方は、全国平均の前期高齢者加入率を基準として、各保険者の前期高齢者加入率がそれを下回る保険者は納付金を拠出、それを上回る保険者は交付金を受け取るというものである。図表3-6を見ると、2019年度

の前期高齢者交付金（収入）の大半は市町村国保の収入となっており 3.5 兆円であり、その財源である前期高齢者納付金は、協会けんぽが約 1.5 兆円、組合健保が約 1.5 兆円、市町村国保は 64 億円となっている。

　高齢者医療に係る財政調整については、当初より、現役世代、被用者保険の財政への圧迫について懸念が出されており、世代間での負担のあり方、また被用者保険間での負担の公平性については、見直しが進められている（3.5.2 参照）。

3.5　無保障問題の顕在化と財政合理化

3.5.1　無保障問題とそのリスク要因

　日本の国民皆保険システムは、雇用関係をもとにする被用者保険と、それに加入しない自営業者や無職者等を対象とした国民健康保険があり、その背後で支える福祉制度として生活保護（医療扶助）がある。すべての国民にいずれかの社会保険への加入義務があるため、「無保障」という状況は生じないというのが建前であるが、現に「無保障」問題が顕在化している。「無保障」とは、社会保険による給付が受けられない状態であると同時に、生活保護による医療扶助も適用されていないことを意味する。国民皆保険システムの下で、なぜ無保障となってしまうのか、その要因と背景について見てみよう。

　無保障となる第 1 の要因は、保険料の滞納によるものである。国民健康保険に加入していても、保険料を滞納して未納状態が続

くことで、実質的に「無保障」状態に陥るリスクがある。行政手続き上、保険料滞納者が直ちに無保障者となるわけではない。つまり、被保険者証を使えなくして、保険給付を差し止めるわけではなく、まずは短期被保険者証への切り替えが行なわれ（通常の被保険者証よりも有効期限が短い）、1年以上の滞納により、資格証明書の交付を行い、被保険者証の返還を求められる[38]。国は、2000年4月に、保険料を1年以上滞納した加入者に被保険者証を返還させて保険給付を差し止め、代わりに加入者であることを示す「資格証明書」を交付するよう、市町村国保の保険者である市町村などに義務付けた。資格証明書をもって医療機関で医療サービスを利用した場合は、保険からの給付が行われず、医療費の全額を自己負担しなければならない。ただし、事後的に保険料を納付して、被保険者証を再交付されると、保険給付分が還付される。

　ただ、国民健康保険の保険料を納めることが困難となった場合には、すでに見たように、世帯の所得が一定額以下の低所得世帯を対象に、応益分保険料（税）について7割、5割、または2割を軽減する軽減措置があり、2019年度では全世帯の約6割が軽

---

[38]　京都市への聞き取り調査によると、被保険者証の返還命令は行政処分であり、加入者にとっての不利益処分となるため、行政手続法にのっとって、事前に書面による通知を行い、弁明の機会を付与している。被保険者証の返還と引き換えに資格証明書が交付されるが、実際には被保険者証の返還がなされないことも多く、その場合の対応は、法令上規定がなく、被保険者証の有効期限が切れたのちに、資格証明書を郵送するという対応を行わざるを得ない。また、通常より有効期限の短い短期被保険者証への切り替えは、市町村と加入者との接触・相談の機会を確保する目的で行っている（長谷川（2021b））。

図表 3-7　市町村国保の保険料（税）収納率の推移

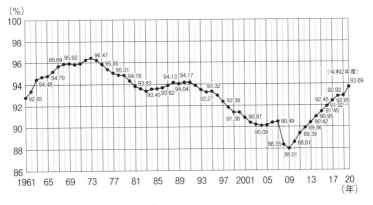

出所：厚生労働省（2022d）より作成。

減世帯となっている。それにもかかわらず、国民健康保険の保険料（税）収納率（金額ベース）では、1990年代以降低下傾向が続いており、2009年に最低の88.01％となった。その後徐々に上昇し、2019年度には92.92％となっている（図表3-7）。また、図表3-8で国民健康保険の保険料滞納世帯の状況を見ると、2009年には、滞納世帯数は約442万世帯、全世帯の約20％となり、2011年までその状況が続いた。その後徐々に改善傾向にあるものの、2019年の滞納世帯数は約245万世帯、全世帯の約13.7％となっている（各年6月1日現在の状況）。そして2019年の短期被保険者証交付世帯は約62万世帯（滞納世帯の約25％）、資格証明書交付世帯は約15万世帯（滞納世帯の約6％）である。資格証明書交付世帯は、実際の医療サービスを利用した場合には保険給付を受けられず、全額自己負担せざるをえない、という意味

図表 3-8　市町村国保の保険料（税）の滞納世帯数等の推移

出所：厚生労働省（2015）、厚生労働省（2021d）より作成。

　で無保障状態に置かれているといえる。また、短期被保険者証交付世帯は、継続的な保険料の納付ができなくなり、他方で生活保護（医療扶助）の申請を行い、保護決定に至らなければ、資格証明書に切り替えられることとなるため、無保障予備軍といえよう。

　無保障となる第2の要因は、仕事の途絶に伴う保険喪失のリスクである。すなわち、倒産や失業などにより被用者保険から脱退した人が、国民健康保険への加入手続きをせず、未加入のまま「無保障」状態に陥るリスクもある。自発的・非自発的を問わず失業した場合、元の勤め先での健康保険の加入資格を喪失することになる。その場合、失業者には健康保険の加入先として2つの選択肢がある。ひとつは、任意継続制度の利用である。任意継続被保

険者制度とは、2か月以上連続して被用者保険に加入していた場合
に、失業した日から20日以内に任意継続の届け出を行うことで、
最長2年間、加入継続できる制度である。ただし、保険料は事業
主拠出分がなくなり、全額自己負担せねばならない。もうひとつ
は、国民健康保険への加入である。任意継続被保険者制度を利用
しない（利用できない）場合、元の勤務先の被用者保険の資格喪失
を証明する書類を持って、住民票のある市町村の役所に脱退後14
日以内に届け出ることで、国民健康保険に加入することとなる。

　いずれの場合も、一定期限内での届出や加入手続きを取らなけ
れば、前職での被保険者証がなくなり、無保障状態に陥ること
なる。雇用の流動性が高まることにより、公的医療保険間を移動
する必要性も高まるのであり、雇用の切れ目において公的医療保
険の途絶のリスクが生じる。実際、2008年から2009年にかけて
の失業リスクの高まりは、とくに非正規雇用において顕著な形で
顕在化することとなった。グローバル化のもとで雇用の多様化、
すなわち非正規雇用が増加する中で、経済状況の悪化が無保障者
を生むリスクを高めているのである。

　また、倒産や失業に直面した場合、経済状況が悪化することが
考えられるため、保険料負担を忌避して、必要な手続きを取らず
「未加入」という選択をするリスクもある。市町村国保の保険料
は、被用者保険と比べて相対的に高く、また事業主負担もない。
突然の解雇（非自発的失業）や雇止めに直面した場合、すでに述
べた軽減措置が適用される可能性があるが、役所への相談を行う
ことなく、保険料負担を忌避し、あるいは寮を退去するなどして
住所不定となることで、「未加入」による無保障状態が生じうる。

3.5.2　皆保険システムの持続可能性と「適正化」

　第二次世界大戦後、日本国憲法の理念に基づき、社会保険方式による国民皆保険システムを確立し、医療提供体制の整備とともに、医療保障システムを構築してきた。国民皆保険システムは、国が、職業、年齢、性別、地域にかかわらずすべての国民が公的医療保険に加入できるよう、戦前からある被用者対象の健康保険と国民健康保険を包括化して公的医療保険制度とするものであった。つまり、すべての市町村に国民健康保険事業の実施を義務付け、原則すべての国民を市町村国保の被保険者とする基盤的制度を構築する一方で、被用者保険という労使関係に基づく福利厚生の利益を保全する形で、分立的な皆保険システムとしたのである。そして、分立的な皆保険システムのもとでは、定年退職などにより被用者保険から市町村国保、そして後期高齢者医療制度への高齢者の移動が構造的に生じること、基盤的制度である市町村国保が非正規雇用等の低所得層・経済的不安定層を引き受けていることから、社会全体で医療費、とくに高齢者医療費を支えるためには、保険者間での財政調整の仕組みと租税投入が不可欠の仕組みとして機能してきた。

　しかし、医療提供体制の充実と医療技術の発展・普及、そして高齢化の深化は、医療需要の増加と医療価格の上昇、そして医療費の膨張に繋がっている。今後2040年頃までは、高齢者、とくに一人当たり医療費の高い後期高齢者がさらに増加する一方で、いわゆる団塊の世代がすべて75歳以上となる2025年以降は、少子化に伴う生産年齢人口の減少加速が見込まれていることから、

国民皆保険システムの財政的な面での持続可能性をどう確保するかが問われている。

　また、グローバル経済の動向に左右される状況下においては、国内の経済状況の改善が労働者の賃金上昇に必ずしも繋がっておらず、賃金が上昇しなければ、保険料負担可能性の向上にも繋がらない。雇用の流動化・多様化は、非正規雇用などで被用者保険にカバーされない被用者を増加させている。第2章でもふれたように、週労働時間20時間以上で月額賃金8.8万円以上（年収換算で約106万円以上）等の一定の条件を満たす短時間労働者[39]に対して、被用者保険の適用対象とするよう改革を進めているが、実際に適用となるのは、約46万人（2019年12月末時点）にすぎない。被用者保険の適用対象が異なる分立的な制度のなかでの保険移動により隙間に落ち込むリスクや、保険料を滞納することで無保障となるリスクも顕在化している。

　以上のような21世紀の状況変化に対し、国は、医療保険制度の改革の基本方針として、国民皆保険システムを維持するとともに、第1に医療保険制度の財政基盤の安定化、第2に保険料の国民負担の公平性の確保、第3に保険給付の対象となる療養の範囲の適正化を提示し（2012年社会保障制度改革推進法）、社会保障改革プログラム法（2013年）に基づき、改革を進めている。

---

39)　短時間労働者に対する被用者保険（厚生年金・健康保険）の適用拡大は、2016年10月から従業員500人超の企業、2022年10月からは100人超の企業、2024年10月からは50人超の企業での従業員に適用される。また、国・地方公共団体の短時間労働者については、2016年10月時点から、500人以下についても適用対象となっている。

　第 1 の医療保険制度の財政基盤の安定化については、国民健康保険の都道府県単位化（2018 年）により市町村国保の財政基盤の強化を図ろうとするものであり、また被用者保険のなかで相対的に財政基盤の弱い協会けんぽの国庫補助率を「当面の間 16.4%」とすることとした。

　第 2 の保険料負担の公平性の確保については、被用者保険の後期高齢者支援金について総報酬割を順次導入することで（2017 年全面総報酬割へ移行）、所得水準の高い健保組合や共済組合がより多く負担し、所得水準の低い協会けんぽの支援金が軽減されることで、支払い能力に応じた負担をより強化した。

　第 3 の保険給付対象の適正化については、後期高齢者医療における患者自己負担を見直し、2 割負担（課税所得が 28 万円以上（所得上位 30%）かつ年収が 200 万円以上（単身世帯の場合。複数世帯の場合は後期高齢者の年収合計が 320 万円以上）の後期高齢者。2022 年 10 月〜）を導入した。また、2023 年からは、全世代対応型の持続可能な社会保障制度の構築に向けて、出産育児一時金の支給額の引き上げとともに、支給費用の一部を現役世代だけでなく、後期高齢者医療制度も支援する仕組みとした（2024 年 4 月〜）。そして、すべての世代が能力に応じて公平に支えあうことで、持続可能性を高めるとの方向性が示されている。

　一方で、都道府県や二次医療圏単位で見ると、高齢者増加の状況や医療需要も地域ごとに異なることから、地域の実情に応じた医療と介護の一体的・連携的提供を目指す地域包括ケアシステムの構築が推進されている。そのなかで、医療提供体制については、都道府県が地域医療構想を医療計画の一部として策定し、その達

成に向けた病床の機能分化・連携（高度急性期・急性期・回復期・慢性期の4つの病床機能に応じて、地域ごとに2025年の医療需要と必要病床数を推計し、その確保に向けた事業を実施）を推進することが求められている。ただ実際には、回復期機能が大きく不足すると見込まれる一方で、削減が求められる急性期から回復期への転換が進んでおらず[40]、また在宅医療・介護サービスの体制整備も十分ではない。

　また、高齢者医療確保法により、住民の健康増進や医療費の適正化を進めるため、6年1期として、国及び都道府県で目標達成に向けた取り組みを進めるとした。2008-2012年度の第1期、2013-2017年度の第2期、2018-2023年度の第3期まで計画が策定されている。第3期医療費適正化計画では、病床機能の分化や連携の推進の成果を踏まえた医療費の見込み（医療費目標）を設定することとされており、病床機能の分化、病床機能の転換や削減、在院日数の短縮により医療費が適正化されると考えられている。また、医師、看護師、薬剤師などの医療従事者の不足や偏在への対応も課題となっている。

　なお、近年の診療報酬改定では、地域包括ケアシステムの推進、病床の機能分化・連携の推進、そして医師等の働き方改革の推進等を重点課題として、それらに対応する改革の視点をもって改定

40）　地域医療構想における2025年度の病床必要量と比べると、2021年度時点で「2025年7月1日時点における病床の機能の予定」として報告された病床数は、全体で約0.9万床減と見込まれる一方、その内訳としては、急性期病床の必要量が40.1万床に対し53.6万床、回復期病床の必要量が37.5万床に対し、20.6万床となっている（厚生労働省（2023b））。

がなされてきた。ただ、実際の改定状況を見ると、2010 年度以降は抑制気味であり、とくに診療報酬本体と薬価改定等を合わせた全体改定率は、2016 年度以降はマイナスが続いている。診療報酬については、医療従事者の処遇改善等にプラス改定が続いている一方、全体改定率の抑制はもっぱら薬価引き下げによるものである。

　すべての世代が公平に支え合い、持続可能な医療保障制度としていくためには、現役世代と高齢世代との間で必要な財源をどう確保するか、という視点が重要であり、社会保険の保険料納付による受給権という原理を維持するためにも、医療扶助等の福祉的な施策によるセーフティネットも合わせて改革・拡充する視点も必要であろう。

第3章参考文献

健康保険組合連合会（2011）『健保組合、健保連　2010 年度の活動と今後の課題』

健康保険組合連合会（2023）『令和 5 年度　健康保険組合　予算編成状況—早期集計結果（概要）について—』

厚生労働省（2015）『平成 25 年度国民健康保険（市町村）の財政状況について—速報—』

厚生労働省（2018）『平成 28 年度　国民医療費の概況』

厚生労働省（2020）『後期高齢者医療制度の令和 2・3 年度の保険料率について』（4 月 17 日）

厚生労働省（2021a）『令和元年度　国民健康保険実態調査報告』

厚生労働省（2021b）『健康保険・船員保険被保険者実態調査報告（令和 2 年 10 月）』

厚生労働省（2021c）『令和元年度　国民健康保険事業年報』

厚生労働省（2021d）『令和元年度　国民健康保険（市町村国保）の財政状況について』

厚生労働省（2022a）『令和 3 年度　医療施設調査』

厚生労働省（2022b）『令和 2（2020）年　医師・歯科医師・薬剤師統計の概況』

厚生労働省（2022c）『令和 2 年衛生行政報告例（就業医療関係者）』

厚生労働省（2022d）『令和 2 年度国民健康保険（市町村国保）の財政状況について』

厚生労働省（2023a）『令和 2 年度　国民医療費の概況』

厚生労働省（2023b）『令和 5 年版　厚生労働白書』

厚生労働統計協会（2022）『保険と年金の動向・厚生の指標　増刊　保険と年金の動向 2022／2023』

総務省（2020）『令和元年度市町村税課税状況等の調査報告（国民健康保険関係）』

中央社会保険医療協議会（2021）『第 23 回医療経済実態調査（保険者調査）報告―令和 3 年実施―』

長谷川千春（2021a）「医療保障改革法（PPACA）の 10 年―オバマケアの成果と課題―」『社会保障研究』（国立社会保障・人口問題研究所）6（2）、130-147

長谷川千春（2021b）「市町村と医療福祉」（塚谷文武・橋都由加子・長谷川千春・久本貴志・渋谷博史著『新版　福祉国家と地方財政―地方公共団体の「現場」を支える財政の仕組み―』第 6 章）、学文社

長谷川千春（2023）「貧困問題とオバマケア」（河音琢郎・豊福裕二・野口義直・平野健編著『21 世紀アメリカ資本主義：グローバル蓄積構造の変容』第 15 章）、大月書店

吉原健二・和田勝（2020）『日本医療保険制度史【第 3 版】』東洋経済新報社

第4章　介護保険と高齢者福祉
——財政調整と財政資金の投入

加藤　美穂子

4.1　介護保険の理念

　介護保険法では、「加齢に伴って生ずる心身の変化に起因する疾病等により」、「入浴、排せつ、食事等の介護、機能訓練並びに看護及び療養上の管理その他の医療を要する者」を要介護状態として認定し[1]、「これらの者が尊厳を保持し、その有する能力に応じ自立した日常生活を営むことができる」ことを目的として、「必要な保健医療サービス及び福祉サービスに係る給付を行うため、国民の共同連帯の理念に基づき介護保険制度」を設けることを規定している（同法第1条）。

　すなわち、この「尊厳」という理念が極めて重要であり、日本国憲法の第25条にあるように、すべての国民は「健康で文化的な最低限度の生活」を営む権利があり、その理念を具体化する政策の一つとして、介護保険法では、加齢によって心身の諸機能が

---

1)　すなわち、要介護状態とは、日常の生活を自立して営むことができないということである。この文章では、「入浴、排せつ、食事等」と書かれているが、実際には食事を作るための買い物や料理等の作業、入浴のための風呂掃除や家の中の掃除という作業も困難な場合がある。加齢に伴って身体の様々な機能が衰えたり、転倒しやすくなって骨折し、それが原因となって寝たきりになることもある。また、判断能力の低下や認知症の進行によって様々な手続きが難しくなったりもする。

低下したとしても、一人の人間としての「尊厳」を保持すること
を目的に掲げている。その政策目的のために、「必要な保健医療
サービス及び福祉サービス」を確保すること、そしてそのサービ
スをまかなうための仕組みとして、「国民の共同連帯の理念に基
づき介護保険制度」を構築するという論理である。ここでいう介
護保険制度の基本理念として掲げられる「国民の共同連帯」は、
同制度における費用を高齢世代と現役世代、さらに国民全体で分
担する制度設計に具体化されている。

　介護保険は、2000 年に施行（1997 年介護保険法成立）された
新しい社会保険である。それは、長寿化に伴って増加する要介護
高齢者を家族だけで支えることが困難となる中で、高齢者介護に
対する社会全体での支援を拡大するに当たり、措置制度による高
齢者福祉ではなく社会保険の介護保険とすることで、介護サービ
スの供給と利用の拡大と、より大きな財源を調達できる仕組みを
構築したものといえる。すなわち、サービス受給に対して保険料
納付を根拠とする権利性を与え、さらに多額の公費投入と財政調
整の仕組みを内蔵することで、保険料負担を抑えながら主な給付
内容を全国統一的に保障している。本章では、このような介護保
険の特質について詳しく検討していこう。

4.2　高齢化と介護ニーズの高まり：歴史と社会状況

　日本では、介護サービスへのニーズは増加し続けているが、そ
の根本的な要因には、第 1 章でもみた人口高齢化の進行、特に 75
歳以上の後期高齢者の増加がある。2020 年時点で日本の人口の

28.6％が 65 歳以上であり、そのうち 14.7 ポイントが 75 歳以上の後期高齢者である[2]。2025 年には第 1 次ベビーブーム世代が後期高齢者となり、人口の 17.5％が 75 歳以上になると予測されている[3]。今後さらに後期高齢者が絶対的にも相対的にも増加する中で、介護サービスに対するニーズはより一層大きくなる。

　この節では、まずこのような高齢者介護に関わる家族の扶養能力について、統計データから検討する。その上で、増加する高齢者介護のニーズを社会的に受け止めるために、ゴールドプラン等によって高齢者福祉政策が拡充され、さらに介護保険制度が創設されていく経緯をみていきたい。

4.2.1　高齢者のいる世帯の構造変化

　2019 年の日本の平均寿命は男性 81.41 年、女性 87.45 年であるのに対し、健康寿命（健康上の問題で日常生活が制限されることなく生活できる期間）は男性 72.68 年、女性 75.38 年である[4]。この平均寿命と健康寿命との差から、多くの人々が 10 年程度は日常的に医療や介護などを受ける必要があるといえよう。

　日本では、高齢者の介護を家族が担うことが多いが、核家族化や少子化、未婚化の進行によって家族の介護能力は低下している。図表 4-1 で 65 歳以上の者のいる世帯（以下、高齢者のいる世帯）の数をみると、1975 年の 712 万世帯から 1995 年には 1270 万世帯へと 1.8 倍に増加し、全世帯に占める割合も 21.7％から 31.1％

---

2)　総務省統計局（2021）20 頁。

3)　国立社会保障・人口問題研究所（2023）の出生中位・死亡中位推計より。

4)　内閣府（2023）27 頁。

図表 4-1　高齢者のいる世帯数

	65 歳以上の者のいる世帯数（千世帯）						
	総数						
		全世帯に占める割合（%）	単独世帯	夫婦のみの世帯	親と未婚の子のみの世帯	三世代世帯	その他の世帯
1975	7,118	21.7	611	931	683	3,871	1,023
1995	12,695	31.1	2,199	3,075	1,635	4,232	1,553
2015	23,724	47.1	6,243	7,469	4,704	2,906	2,402
2019	25,584	49.4	7,369	8,270	5,118	2,404	2,423
構成割合（単位：%）	100						
1975	100	-	8.6	13.1	9.6	54.4	14.4
1995	100	-	17.3	24.2	12.9	33.3	12.2
2015	100	-	26.3	31.5	19.8	12.2	10.1
2019	100	-	28.8	32.3	20.0	9.4	9.5

注：1995 年の数値は、兵庫県を除いたものである。
資料：厚生労働省（2022a）「世帯票」の第 2 表と第 15 表、厚生労働省（2020a）より作成。

に上昇した。

　世帯構造については、1975 年には高齢者のいる世帯の 54.4％が三世代世帯であったが、1995 年には 33.3％に低下している。対照的に、高齢者のみの世帯は絶対数・相対数ともに増加しており、高齢者の夫婦のみの世帯は 13.1％（93 万世帯）から 24.2％（308 万世帯）へ、高齢者の単独世帯は 8.6％（61 万世帯）から 17.3％（220 万世帯）へと上昇している。

　1990 年代以降も高齢者のいる世帯数は増加し、2019 年には 2,558 万世帯となり、全世帯の 49.4％に達している。高齢者のいる世帯の総数を 100％とすると、夫婦のみの世帯が 32.3％、単独世帯が 28.8％、親と未婚の子のみの世帯が 20.0％であり、三世代世帯は 9.4％にまで低下している。

4.2.2　**主な介護者**

　厚生労働省の 2019 年の調査では、在宅で生活する要介護者等（介護保険法の要支援又は要介護と認定された者）に対する主な介護者（介護をする人）は 54.4％が同居家族であり、その他は別居の家族等が 13.6％、事業者が 12.1％である[5]。

　同居家族 54.4％のうち、23.8 ポイントが配偶者、20.7 ポイントが子、7.5 ポイントが子の配偶者である。同居の主な介護者の 65.0％が女性であり、妻や娘、息子の配偶者などが家族の介護を担うことが多いといえる。年齢別にみると、同居の主な介護者の 58.8％は 65 歳以上であり、そのうち半数以上（30.2 ポイント）が 75 歳以上である。すなわち、高齢者が高齢者を介護する「老老介護」の状況が多く存在する。現在の老老介護には、高齢の妻や夫がその配偶者を介護するケースに加えて、80 歳台や 90 歳台以上の長寿の親を 65 歳以上の子どもが介護するケースもある。中高年世代については、40 歳台の介護者は 5.6％と少ないが、親が高齢になり介護問題が生じ始める 50 歳台では 19.6％に増加する。

　同居家族のいない高齢者においては、要介護等の状態になった後も在宅で生活を続ける場合には、別居の家族か事業者等から介護や支援を受ける必要がある。別居する子どもらが、単身や夫婦のみで生活する高齢の親を介護するケースの中には、都市部、特に大都市圏に住む子どもが離れた地域に住む老親を介護するという「遠距離介護」も生じている。また、同居・別居を問わず勤労

---

5)　厚生労働省（2020a）25-27 頁。

世代の子が家族の介護を担う場合には、介護と就業との両立が困
難となり、「介護離職」せざるをえないケースも発生して社会問
題になっている[6]。

　以上、高齢者に関わる家族の状況を検討してきたが、日本では
第二次大戦後の「豊かな社会」が形成されるプロセスの中で地方
から大都市への大規模な人口移動が生じ、それが日本全体の経済
成長を支える一方で、大量の核家族を生み出し、高齢の親と現役
の子世帯が別々に暮らす家族形態が一般化していった。また、そ
の「豊かな社会」が生み出す経済的な果実を用いて、年金や医療
などの社会保障が拡充されたことで、一般の人々が長寿を享受で
きるようになった。しかしその長寿化は必ずしも健康に長生きす
ることを意味しておらず、高齢者数の増加に伴って要介護高齢者
も増加したことから、後述するように、1980 年代になると高齢者
介護が社会問題化していった。そこで、高齢者福祉サービスを拡
充するための政策としてゴールドプランと新ゴールドプランが策
定され、1990 年代に実施されていくのである。

4.2.3　ゴールドプランと新ゴールドプランと措置制度

　ゴールドプラン（高齢者保健福祉推進十か年戦略）とは、1989
年 12 月に国が策定した高齢者の在宅・施設福祉サービスを整備・
推進するための 10 ヵ年計画である[7]。これを必要ならしめた社

---

[6]　2016 年 10 月から 2017 年 9 月までの 1 年間に「介護・看護のため」に離職
　　した人は 9.9 万人であり、そのうち 7.5 万人は女性である（内閣府（2023）32
　　頁）。

会的要請を象徴する現象が「社会的入院」（*Column8* を参照）であり、前項で触れた介護ニーズの膨張と家族の介護能力の不足によって生じる構造的な問題の現れであった。

　Column8 でも述べているように、医療施設が実質的に介護ニーズを満たす社会的入院が広まった背景には、福祉サービスの整備の立ち遅れがあった[8]。しかし加齢による介護ニーズに対して、高齢者の「残存能力の維持向上」や「日常生活の支援」を図る介護サービスの代わりに、病気や怪我の治療のための医療サービスを目的とする「入院」によって対処することは、医療資源の利用として適さないだけではなく、かえって残存能力の低下を招くことや、さらにはその高齢者にとって不愉快で辛い生活状態を強いる危険性もある[9]。そのため、1980 年代後半には、社会的入院という変則的な方法ではなく、真正面から高齢者福祉の拡充策が検討され、それがゴールドプランおよび新ゴールドプランへと結実していった。

　1989 年のゴールドプランでは、高齢者福祉サービスを整備するために、1999 年度までの 10 ヵ年で実現を図るべき数値目標を設定し、予算の増額が行われた[10]。同プランでは、特別養護老人ホームや老人保健施設などの施設だけではなく、ホームヘルパーやショートステイ、デイサービスセンター等の在宅介護のためのサービスも計画的に整備することを目指した。その後、ゴール

---

7)　介護保険制度史研究会（2016）29-30 頁、厚生労働統計協会（2022）72-73 頁。

8)　高齢者介護・自立支援システム研究会（1994）14 頁。

9)　高齢者介護・自立支援システム研究会（1994）14-15 頁。

10)　厚生労働統計協会（2022）72-73 頁、厚生省（1991）60-71 頁。

Column8

社会的入院

　介護保険が創設されるまで、中高所得者にとって応能負担で料金が課される老人福祉施設よりも、老人医療のほうが自己負担が低いことから、入院治療の必要性がなくなった後にも高齢者を病院に長期入院させつづける「社会的入院」が増加した*。

　1973 年の老人医療無料化（第 3 章参照）によって、高齢者やその家族に社会的入院のインセンティブが高まるとともに、その受け皿となっていた「老人病院」（入院患者の大半を高齢者が占める病院）も全国的に普及した。

　老人病院では、「点滴漬け」や「検査漬け」、動ける高齢者さえも「寝かせきり」にしてしまう状況も生じた。高齢者の介護が家族崩壊や高齢者虐待を生み出す中で、「本来は社会福祉サービスで受け止めるべきニーズを、健康保険制度を『駆使』して『老人病院』が大量に吸収」していたので、その解決策として介護保険が要請されることになる**。

（加藤美穂子）

*岡本祐三（1996）72-73、75 頁。
**岡本祐三（1996）72-73、75、78 頁。

ドプランの想定を上回る高齢者福祉へのニーズが明らかになったので、目標値の引き上げ等のための新ゴールドプラン（新・高齢者保健福祉推進十か年戦略）が 1994 年に策定された。

　これらのゴールドプラン及び新ゴールドプランによって、介護政策のための「ハード・ソフト両面での基盤整備」が進んだ[11]。

そして、その介護サービスの供給拡大に対応するためには、増加するサービス費用をまかなう仕組みが必要不可欠であり、後述のように2000年に介護保険が導入された。その導入の検討プロセスにおける最も重要な論点が、それ以前の措置制度方式の問題点を克服して、保険料の納付を根拠とした権利性を確保できる社会保険方式を採用するということであった。

そこで、高齢者福祉の措置制度について少し検討しておこう。日本での高齢者福祉の始まりは、1963年老人福祉法の制定からであり、それまで高齢者に対する救済は生活保護による養老院への収容程度であった。

1963年老人福祉法では、身体上や精神上、環境上や経済的な理由などから自宅で生活できない65歳以上の高齢者のための施設として、養老院を養護老人ホームへと改め、さらに特別養護老人ホーム、軽費老人ホームを創設した。そして在宅で介護を要する高齢者に対しては、訪問介護を提供する老人家庭奉仕員制度などが作られた[12]。

こうして老人福祉法に基づいて高齢者福祉が実施されたが、それは、低所得者など保護の必要な高齢者を対象とした措置制度として運用されるものであった[13]。措置制度の特徴としては、以下のことが指摘されている[14]。

---

11)　岡本祐三（1996）156頁、介護保険制度史研究会（2016）87頁。なお、新ゴールドプランは「明確に介護保険の導入を念頭に置いたプラン」とされる（介護保険制度史研究会（2016）87頁）。

12)　厚生労働統計協会（2022）67頁、厚生省（1967）373-374、377頁を参照。

13)　介護保険制度史研究会（2016）28頁。

14)　高齢者介護・自立支援システム研究会（1994）13頁。

　老人福祉に係る措置制度は、特別養護老人ホーム入所やホームヘルパー利用などのサービスの実施に関して、行政機関である市町村が各人の必要性を判断し、サービス提供を決定する仕組みである。その本質は行政処分であり、その費用は公費によって賄われるほか、利用者については所得に応じた費用徴収が行われている。

　このシステムは、資金やサービスが著しく不足した時代にあっては、サービス利用の優先順位の決定や緊急的な保護などに大きな役割を果たし、福祉の充実に寄与してきた。

　しかしこれらの措置制度の特徴がむしろ、拡大する高齢者介護のニーズへの適切な対応を妨げるという意見が強く出されるようになった。具体的には措置制度の問題点として、第1に、行政機関がサービス内容を決定することから、利用者自身による選択が難しいこと、第2に、受給には資格審査（所得や家族関係など）を伴うため、人々に利用に対する心理的抵抗をもたらすこと、第3に、財源は基本的に一般会計の財政収入であるため、財政的なコントロールが強く働き、予算の伸びが抑制される傾向が強いこと、第4に、収入に応じて費用徴収（応能負担）されるために中高所得者層の負担が重いこと、などがあげられた[15]。

　補足すると、措置制度の下では福祉サービスの利用は個人の権利ではなく、行政機関に措置義務があることから派生する「反射的利益」と行政上は解釈されてきた。そして、利用者については、租税資金による行政措置であることを理由に、主として社会的弱

15)　高齢者介護・自立支援システム研究会（1994）13-14頁、厚生労働省（2016）97頁。

者が想定され、中所得以上の階層に対して応能的な費用徴収とされたので、利用しづらいものであった[16]。

　これらの制約を克服するために、措置制度よりも受給者の権利性が強い社会保険方式である介護保険の導入が議論されるようになった。すなわち、高齢者介護のニーズを正面から受け止める仕組みとしてゴールドプラン等で供給を拡大し、さらに介護保険とすることで措置制度ではなく受給権を強調するシステムへと転換するのである。その詳細を次にみていこう。

4.2.4　措置制度から介護保険へ：競争と選択

　1990年代の介護保険導入に向けた議論の展開において、当時の厚生省が設置した高齢者介護・自立支援システム研究会が、基本構想の検討における中心的な役割を果たした。その1994年の報告書では、介護は「長寿化に伴って国民の誰にでも起こりうる普遍的なリスク」であり、必要となる費用の予測も不確実であるために個人の自助努力だけで備えることは困難として、新たな介護システムは、このようなリスクを社会全体で支えあう社会保険方式に基礎を置くことが望ましいとされた[17]。

　そしてさらに、上述の措置制度の問題点に対して、社会保険方

---

16)　堀　勝洋（1996）81-82頁、岡本祐三（1996）149-151頁。
　　　反射的利益とは、法律上の権利とはいえないが、法規に基づいて行政が行った行為等の結果として、第三者が間接的に得られた利益とされる（杉村章三郎・山内一夫（1975）532頁、高木　光（2015）285-286頁）。
17)　高齢者介護・自立支援システム研究会（1994）27-29頁、介護保険制度史研究会（2016）78-79頁。

式の意義を次のように述べている[18]。第 1 に、社会保険において
は、サービスの利用は利用者と事業者の契約を基盤とするため、
利用者がサービスを選択できることである。第 2 に、受給が保険
料負担の見返りとして位置づけられるため、利用者側の権利的性
格が強まり、利用に対する心理的抵抗が小さくなることである。

　これらの 2 点をもう少し深めると、社会保険料の納付を根拠と
した受給の権利性を前提として、介護サービスの消費者である利
用者が、介護サービスの生産者である複数の事業者が競争する市
場メカニズムの中で、サービスおよび事業者を選択できる状況が
形成される。

　ただし後述するように、介護保険には多額の公費（国、都道府
県、市町村）も投入されており、保険料負担の上昇が抑えられて
いる。見方を変えれば、保険料の負担緩和を図りながら、介護サー
ビスの量的拡大に必要な財源を多様なルートで確保するものと
解釈することもできる。

　以上のような考え方から、1997 年に介護保険法が制定され、
2000 年度から実施された[19]。このようにして誕生した介護保険
法の現在の枠組みについて、次にみていこう。

---

18)　高齢者介護・自立支援システム研究会（1994）42-46 頁、介護保険制度史研
　　究会（2016）79-80 頁。

19)　介護保険の創設後も、「やむを得ない事由」に対処するために高齢者福祉の
　　措置制度は残されている。たとえば、高齢者が家族等から虐待やネグレクトを
　　受けている場合や、身寄りのない認知症高齢者など、契約制度の下で必要な介
　　護サービスを受けることができない場合に、行政が措置として、特別養護老人
　　ホームへの施設保護や訪問介護等を適用する（東京都福祉保健局（2006）134
　　頁）。

4.3　介護保険の仕組み

4.3.1　要介護認定と介護サービスと介護報酬の全国統一的な設計[20]

　介護保険法の理念に基づく介護保険制度は、実際には基礎自治体の市町村が保険者として運営しているが、その仕組みの大枠は、国が全国統一的に設計している。この国が定める統一的な大枠とは、①誰が「被保険者」となるか、②サービスの利用希望者に対して介護の必要度を測定する「要介護認定」、③測定された要介護度に基づき、利用するサービスの計画を立てる「介護サービス計画」（居宅サービス計画や介護予防サービス計画等。通称ケアプラン）の作成、④介護保険で利用できる主な「介護サービスの種類と内容」、⑤介護保険の下で支払われる「介護報酬」（各サービスの公定価格）と「支給限度基準額」（居宅サービス利用者への保険給付の上限）、⑥地域の介護支援システムの中核機関である「地域包括支援センター」の設置、である。それぞれの詳細を、以下でみていこう（図表4-2も参照）。

　第1に、被保険者には、第1号被保険者（65歳以上の者）と第2号被保険者（40歳以上65歳未満の医療保険加入者）がある。第1号被保険者は、要支援・要介護状態と判断された場合には、介護保険から給付を受けることができる。第2号被保険者は、老化に起因する特定の疾病に罹患し、要支援・要介護状態にあると判断された場合に介護保険を利用できる[21]。

154

図表 4-2　介護サービスの利用の手続き

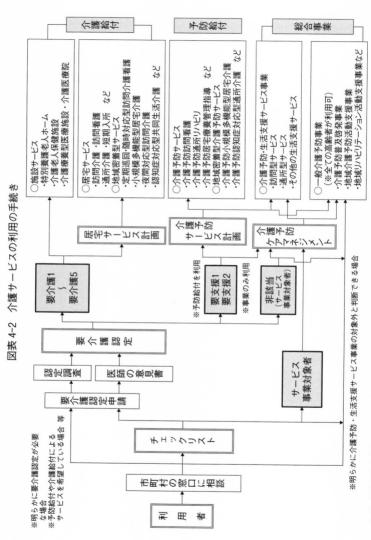

※資料：厚生労働省老健局「公的介護保険制度の現状と今後の役割　平成 30 年度」に加筆修正。

　第2に、介護保険の下で介護サービスの利用を希望する被保険者は、保険者である市町村に申請して要介護認定を受ける必要がある。要介護認定は、第1に市町村が心身の状況等を調査し、その結果と主治医意見書に基づくコンピューターによる第1次判定を行い、第2次判定は、第1次判定の結果と主治医意見書などに基づいて介護認定審査会が審査・判定を行う。申請者は、非該当、要支援1・2、要介護1〜5の8区分のいずれかに認定され、要介護1〜5は介護給付の対象となり、要支援1・2では予防給付と総合事業（地域支援事業の一種）の対象となる。

　第3に、要支援・要介護の認定を受けた人が介護保険のサービスを利用する前にケアプラン（サービスの種類や内容などの利用計画）を、居宅介護支援事業者や施設の介護支援専門員（ケアマネジャー）や地域包括支援センターが作成する。

　第4に、介護保険の中心的なサービスである介護給付や予防給付には、大きく分けて、居宅サービス、施設サービス、地域密着型サービスなどがある（図表4-3）。

　居宅サービスは、事業者が高齢者の家でサービスを提供するも

---

21)　厚生労働統計協会（2022）186頁。具体的には、次の疾病が対象となる（介護保険施行令2条）。1. がん（医師が一般に認められている医学的知見に基づき回復の見込みがない状態に至ったと判断したものに限る）、2. 関節リウマチ、3. 筋萎縮性側索硬化症、4. 後縦靱帯骨化症、5. 骨折を伴う骨粗鬆症、6. 初老期における認知症、7. 進行性核上性麻痺、大脳皮質基底核変性症及びパーキンソン病、8. 脊髄小脳変性症、9. 脊柱管狭窄症、10. 早老症、11. 多系統萎縮症、12. 糖尿病性神経障害、糖尿病性腎症及び糖尿病性網膜症、13. 脳血管疾患、14. 閉塞性動脈硬化症、15. 慢性閉塞性肺疾患、16. 両側の膝関節又は股関節に著しい変形を伴う変形性関節症。

図表 4-3　介護保険制度におけるサービス等

居宅サービス	訪問介護（ホームヘルプサービス）、訪問入浴介護、訪問看護、訪問リハビリテーション、居宅療養管理指導、通所介護（デイサービス）、通所リハビリテーション（デイ・ケア）、短期入所生活介護（ショートステイ）、短期入所療養介護（ショートステイ）、特定施設入居者生活介護（有料老人ホーム）、福祉用具貸与、特定福祉用具販売、居宅介護住宅改修費（住宅改修）、居宅介護支援
施設サービス	介護老人福祉施設（特別養護老人ホーム）、介護老人保健施設、介護医療院、介護療養型医療施設
地域密着型サービス	定期巡回・随時対応型訪問介護看護、小規模多機能型居宅介護、夜間対応型訪問介護、認知症対応型通所介護、認知症対応型共同生活介護（グループホーム）、地域密着型特定施設入居者生活介護、地域密着型介護老人福祉施設入所者生活介護、看護小規模多機能型居宅介護、地域密着型通所介護

出所：厚生労働統計協会（2022）189-190 頁より抜粋。

の（訪問介護、訪問看護など）や、高齢者が施設に通って日帰りでサービスを受けるもの（通所介護、通所リハビリテーションなど）、施設に短期間だけ入所してサービスを受けるもの（短期入所生活介護など）、その他、福祉用具貸与や住宅改修などがある。

　施設サービスは、要介護者が施設に入所して生活しながら介護サービスを受けるものであり、介護老人福祉施設（特別養護老人ホーム）、介護老人保健施設、介護医療院、介護療養型医療施設の 4 種類がある[22]。これらの施設は要介護者のみが利用できるが[23]、介護老人福祉施設の利用は原則として要介護 3 以上のみ

---

[22]　介護療養型医療施設は 2024 年 3 月末に廃止予定であり、その受け皿となる新たな介護保険施設として介護医療院が 2018 年度に創設された。

[23]　要支援者は、要介護状態の発生の予防という観点から、施設サービスは利用できない（厚生労働統計協会（2022）189 頁）。

とされる。

　地域密着型サービスは、要介護状態や認知症となっても住み慣れた地域で生活を継続できるよう支援するサービスであり、介護士や看護師による高齢者宅への定期・随時の巡回訪問（定期巡回・随時対応型訪問介護看護、夜間対応型訪問介護など）や、通いを中心に訪問・宿泊を組み合わせて必要なサービスを提供する小規模多機能型居宅介護、認知症高齢者が少人数で共同生活をしながらケアを受ける認知症対応型共同生活介護などがある。地域密着型サービスについては、各市町村が地域特性に合わせて整備することが目指されており、原則として居住する市町村でしかサービスを利用できない。

　また、介護給付と予防給付のほかに、市町村が実施する地域支援事業がある。地域支援事業は、要介護状態等になることの予防や状態の悪化を防止し、地域における自立した日常生活を支援するための施策を、市町村が総合的・一体的に行うものであり、「介護予防・日常生活支援総合事業（以下、総合事業）」、「包括的支援事業」、「任意事業」の３種類がある[24]。総合事業には、要支援者等に対する介護予防・生活支援サービス事業（通所介護、訪問介護、ケアマネジメントを含む）と、すべての高齢者が利用できる一般介護予防事業がある。包括的支援事業では、地域包括支援センターの運営や在宅医療・介護連携推進、認知症総合支援

[24]　介護保険法第百十五条の四十五、厚生労働統計協会（2022）192-193, 203頁。なお、2014年介護保険法改正によって、要支援者に対する訪問介護と通所介護が、予防給付から地域支援事業の総合事業に移行された（2017年度末までに）。

などが行われている。任意事業は、介護給付費等の適正化のための事業や家族介護支援などを、各市町村の判断で行うものである。

　第 5 に、介護報酬と支給限度基準額である。介護保険では、事業者が利用者に提供するサービスの対価を介護報酬と呼ぶ。居宅サービスや施設サービスは基本的に全国共通のサービスであり、サービスの基準や介護報酬は国によって統一的に定められている[25]。介護報酬は原則として国が定める公定価格であり、その多寡は「単位数」によって定められ、サービスの種類や要介護度によって異なる。1 単位の単価は 10 円を基本とし、地域やサービスによって若干の差異が設けられている。

　施設サービス費では、施設の種類、居室のタイプ、要介護度などによって単位数が異なる。たとえば、要介護 5 の人が多床室を利用する場合、介護老人福祉施設では一日当たり 832 単位、介護医療院では 1,340 単位となるが、要介護 3 では介護老人福祉施設の多床室で 697 単位、介護医療院で 1,151 単位であり、要介護 5 よりも必要なサービスの量が少ない分、介護報酬も低い[26]。

　居宅サービスについては、各サービスの介護報酬とともに、保険給付の対象となるサービス利用の上限（区分支給限度基準額）も要介護度別に単位数が定められている。2019 年（10 月以降）では、要支援 1 なら 1 ヵ月 5,032 単位、要介護 5 では 36,217 単位

25)　社会保険研究所（2021a）438 頁。地域支援事業に分類される要支援者の訪問介護と通所介護は、市町村が報酬等を定めることができる（厚生労働省「介護予防・日常生活支援総合事業のガイドライン」112-115 頁）。

26)　2019 年度介護報酬改定による値（2019 年 10 月 1 日から適用）。厚生労働統計協会（2020）213 頁。

図表 4-4　居宅サービスにおける区分支給限度基準額（1 ヵ月）（2020 年 4 月
審査分）

	介護予防サービス		介護サービス				
	要支援 1	要支援 2	要介護 1	要介護 2	要介護 3	要介護 4	要介護 5
区分支給限度基準額（単位）	5,032	10,531	16,765	19,705	27,048	30,938	36,217
居宅サービス受給者平均給付単位数（単位）	1,363	2,219	7,244	10,201	15,520	19,128	23,918
平均利用率(%)	27.1	21.1	43.2	51.8	57.4	61.8	66.0

注：居宅サービス受給者平均給付単位数＝居宅サービス給付単位数合計／居宅サービス給
　　付受給者数合計
　　平均利用率（%）＝居宅サービス受給者平均給付単位数／区分支給限度基準額×100
資料：厚生労働省（2020b）第 18 表より作成。

がその限度額である（図表 4-4）。

　区分支給限度基準額の範囲内の利用については、費用の 9 割が
介護保険から給付され、1 割を自己負担する。ただし、所得が一
定以上であれば、自己負担は 2 割または 3 割となる。また、区分
支給限度基準額を超える介護サービスを利用する場合は、限度額
を超えた分について全額自己負担となる。しかし図表 4-4 にある
ように、平均利用率は区分支給限度基準額の 2 割から 6 割台であ
る。

　なお、地域密着型サービスと総合事業（地域支援事業）につい
ては、地域の特性に応じて多様なサービスを提供するという観点
から、サービス事業者の指定や介護報酬の設定などについて市町
村の権限や裁量が認められている。

　第 6 に、2005 年介護保険法改正によって全国の市町村に設置された地域包括支援センターは、公正・中立な立場から、支援の総合的な相談、地域の介護予防ケアマネジメント、認知症ケアの支援体制、高齢者の権利擁護などを担う中核機関である。2019 年 4 月時点で全国に 5,167 ヵ所あり [27]、市町村あるいは市町村から委託を受けた法人（社会福祉協議会、社協以外の社会福祉法人、医療法人など）が設置・運営している。

4.3.2　介護保険の定着

　上にみた基本構造をもつ介護保険は、高齢化が進行する日本社会の中で急速に普及し、定着し、拡大した。*Column8* でみたように、医療保険でまかなわれていた社会的入院の部分が介護保険へと移るとともに、さらなる介護需要が顕在化していったプロセスである。

　図表 4-5 にみるように、制度発足時の 2000 年度に 2,242 万人であった第 1 号被保険者は、2019 年度末には 3,555 万人に増加しており、そのうち前期高齢者が 1,726 万人、後期高齢者が 1,829 万人であった。すなわち、日本社会で急速に進行する人口高齢化がそこに反映されている。

　また、要介護・要支援の認定者数も 2000 年度の 256 万人から、2019 年度の 669 万人へと 2.61 倍に拡大している。特に、2000 年度から 2005 年度には認定者数が全体で 1.69 倍に増えており、その中でも要支援と要介護 1 の増加が大きい。この傾向は、制度開

---

27)　厚生労働統計協会（2020）216 頁。

161

図表4-5　第1号被保険者数・認定者数の推移（年度末現在、万人）

		2000	2005	2006	2010	2019	2005/2000	2019/2006
被保険者数	第1号被保険者数計（A）	2,242.2	2,587.8	2,676.3	2,909.8	3,554.8	1.15	1.33
	65〜75歳未満	1,319.2	1,412.5	1,450.1	1,482.2	1,725.5	1.07	1.19
	75歳以上	923.0	1,175.3	1,226.2	1,427.7	1,829.2	1.27	1.49
	第2号被保険者数（万人）	4,308.0	4,276.0	4,239.0	4,263.0	4,193.0		
認定者数	要支援	32.2	71.8	—	—	—	2.23	
	要支援1	—	—	52.7	66.4	93.4		1.77
	要支援2	—	—	50.8	66.8	94.4		1.86
	経過的要介護	—	—	4.5	—	—		
	要介護1	70.1	142.3	89.5	90.7	135.2	2.03	1.51
	要介護2	48.4	64.5	75.0	89.7	115.6	1.33	1.54
	要介護3	35.5	55.2	64.5	69.8	88.0	1.56	1.36
	要介護4	36.3	52.1	54.4	63.8	81.8	1.43	1.50
	要介護5	33.7	46.5	48.6	59.1	60.2	1.38	1.24
	認定者数計	256.2	432.3	440.1	506.2	668.6	1.69	1.52
	うち、第1号被保険者（B）	247.1	417.5	425.1	490.7	655.8	1.69	1.54
	65歳以上75歳未満	45.1	68.2	66.1	64.1	72.7	1.51	1.10
	75歳以上	202.0	349.4	359.0	426.6	583.1	1.73	1.62
第1号被保険者の認定率%（B/A）		11.0%	16.1%	15.9%	16.9%	18.4%		

※第2号被保険者数の数字は社会保険診療報酬支払基金が納付金額を確定するために医療保険者から報告を受ける「第2号被保険者等報告書」を集計したものであり、各年度内の月平均値である。

※第2号被保険者数は万人未満を四捨五入した値であり、小数点以下の数値は不明である。

出所：厚生労働省「介護保険事業状況報告」各年版より作成。
第2号被保険者数は、厚生労働省「第2号被保険者にかかる介護保険料について」を参照。

図表 4-6　介護サービス受給者数の推移（各年 4 月サービス分、単位：千人）

	2000	2005	2010	2015	2019
居宅サービス（介護予防を含む）	971.5	2,505.6	2,941.3	3,821.2	3,777.7
地域密着型サービス（介護予防を含む）	—	—	253.8	394.8	870.2
施設サービス	518.2	780.8	838.3	902.6	946.3

出所：厚生労働省（2022b）資料編、235 頁。

始後の数年内にはすでに顕著にみられたことから、2005 年介護保険法改正において軽度の区分が見直され、要支援が 2 段階に変更された。この時期の認定者の増加は、高齢者数の増加に加え、認定率の上昇による影響も大きい。第 1 号被保険者の認定率は、制度開始直後の 2000 年度には 11.0％であったが、2005 年には 16.1％へと上昇し、制度の供給体制が整う中で、認定を受ける人も増加してきたと考えられる。

　そして実際にサービスの利用者も増えている。2000 年と 2019 年を比較すると、居宅サービス（介護予防を含む）の受給者数は 97 万人から 378 万人へと 3.9 倍に増加し、施設サービスについても 52 万人から 95 万人へと 1.8 倍になっている（図表 4-6 参照）。

　この普及と定着は、介護保険が急速な人口高齢化に伴う介護需要の増加に対応してきたことを物語っているが、その反面、介護保険の急膨張によって日本の経済社会にとって重い負担が生じ、高齢化が一層進行する中で、介護保険の持続可能性が問われている。財政的な切り口から見れば、費用節約が課題となり、その方向の改革も進められることになる。

4.4 財政構造

　本節の分析でキーワードとなる財政調整とは、人口構造や経済基盤などの要因によって生じる地域間や部門間の財政力格差を是正するメカニズムである。介護保険は創設当時、「地方分権の試金石」とも評されていたが[28]、このような地域の外からの財政支援を前提とする仕組みは、自立性を尊重する分権とはやや整合的でないかもしれない。しかし、一方で全国統一的な保障水準を求められる介護保険システムが、他方で、地域ベースで各地域の特性に即した運営を行うためには、財政調整が必要不可欠な仕組みといえる。

　先に述べたように、措置制度から介護保険に転換する重要な論拠の一つが、サービス利用に対する利用者側の権利的性格の強化であり、社会保険料の納付を根拠とする受給権の構築である。ただし、介護保険の財源としては、実際には被保険者が納付する社会保険料に加え、公費（国、都道府県、市町村）も投入されている。介護保険の基本構想を提示した 1994 年報告書では[29]、「保険料等と並んで、公費負担を制度的に組み込むことを基本に考えるべき」としており、その理由として、第1に、すでに「高齢者福祉制度や医療保険制度（老人保健制度）において高率の公費負担が組み込まれていること」、第2に、公的主体は「国民の介護サービス保障について責任と役割を有して」いることがあげられている。この2つの理由はややわかりにくいが、実質的には以下の

---

28)　介護保険制度史研究会（2016）481 頁。

29)　高齢者介護・自立支援システム研究会（1994）48 頁。

ように考えるのがよいだろう。すなわち、「公的主体の責任の具
現化」として公費を投入し、「社会連帯を基本とした国民の相互
扶助システム」である社会保険をバックアップすることを意図す
るものであり、保険料、特に 65 歳以上の第 1 号被保険者の保険
料負担を緩和しているのである。

　しかし介護保険制度は市町村ベースの地域保険であるため、地
域間の高齢化率や経済基盤の違いなどによって、保険者間に財政
力格差が生じる。そこで、基本的なサービスについては全国統一
的な給付内容と介護報酬を保証するために、第 2 号被保険者（40
歳以上 65 歳未満の医療保険加入者）の保険料や公費による財政
調整メカニズムが内蔵されている。

　以上のことを念頭に置きながら、保険料と公費負担の詳細につ
いてみていこう。

4.4.1　介護保険の財源構成

　介護保険の下で提供されたサービスに対する事業者への支払い
は、まずその 1 割（所得が一定水準以上の場合は 2 割または 3 割
負担）が利用者負担であり、残りが介護保険から給付（介護給付
や予防給付）される[30]。

　図表 4-7 にあるように、介護給付や予防給付の財源は、50％を
保険料、残り 50％を公費で調達する。そのため、サービスへの
支出が大きくなれば、それに連動して保険料と公費負担の額も大
きくなる。

---

30)　厚生労働統計協会（2022）195-196 頁。

図表 4-7 介護保険事業の財源構成 (2018-20 年度)

			介護給付・予防給付		地域支援事業	
			居宅等給付	施設等給付	総合事業	包括的支援事業・任意事業
保険料 (50%)	第 1 号保険料		23%	23%	23%	23%
	第 2 号保険料		27%	27%	27%	—
公費 (50%)	国庫負担金	調整交付金	5%	5%	5%	—
		定率分	20%	15%	20%	38.50%
	都道府県負担金		12.5%	17.5%	12.5%	19.25%
	市町村負担金		12.5%	12.5%	12.5%	19.25%
合計			100%	100%	100%	100%

注：介護保険事業（保険事業勘定）の 2019 年度の歳出決算額 11 兆 2691 億円のうち、保険給付費（介護給付と予防給付）が 9 兆 9715 億円、地域支援事業が 5,529 億円（総合事業費 3,475 億円、包括支援事業・任意事業費 2,036 億円）である。
出所：厚生労働統計協会（2020）217-218 頁、厚生労働省老健局（2019）77 頁より作成。2019 年度の歳出決算額は、厚生労働省『令和元年度介護保険事業状況報告（年報）』「全国計　第 15 表」より。

　保険料の負担分（介護給付等の 50％）は、第 1 号被保険者と第 2 号被保険者で分担される。両者の負担割合は 3 年間の計画期間ごとに全国ベースの人口比率で定められ、2018-20 年度では、第 1 号保険料の割合が 23％、第 2 号保険料が 27％である。ただし、個々の被保険者の保険料は、第 1 号と第 2 号の違い、所得水準、居住する市町村や加入する医療保険によって異なる。

　公費負担分（介護給付等の 50％）は、国と都道府県と市町村で分担する。居宅給付費（施設等給付費以外）では、国 25％、都道府県 12.5％、市町村 12.5％であり、施設等給付費では、国 20％、都道府県 17.5％、市町村 12.5％である。いずれも国庫負担

分のうち5ポイント分は、市町村間の財政力格差を調整するための「調整交付金」となる（調整交付金については後述）。

　なお、地域支援事業も介護保険制度からの支出でまかなわれている。総合事業では（2018-20年度）、第1号保険料23％、第2号保険料27％、国25％（うち5ポイント分は調整交付金）、都道府県12.5％、市町村12.5％であり、居宅給付費と同じ負担割合である。包括的支援事業と任意事業では、第1号保険料23％、国38.5％、都道府県19.25％、市町村19.25％であり、第2号保険料からの負担はなく、その分は公費でまかなわれる（国：都道府県：市町村＝2：1：1）。

4.4.2　第1号保険料と第2号保険料

　次に、第1号被保険者と第2号被保険者が実際に支払う保険料が、それぞれどのように決められるのかをみていこう。

　第1号被保険者（65歳以上の高齢者）の保険料は、国が政令で定める基準に従って、各市町村が設定する。具体的には、各市町村が3年毎に策定する介護保険事業計画において介護サービスの利用者数や費用の見込額などを計算し、財政の均衡を保つよう、第1号保険料の基準額と被保険者の負担能力に応じた所得段階別の定額の保険料を設定する（計画期間の3年間その水準に固定）。すなわち、第1号保険料は、市町村単位で費用（サービス水準を反映）に応じて第1号保険料（負担）を設定する地域保険方式となっている[31]。

　31）　この方式が採用された経緯については、介護保険制度史研究会（2016）284-288頁を参照。

図表 4-8　札幌市の第 1 号保険料（2018-2020 年度）

段階	対象者	負担割合	年間保険料	人数分布（推計）
第 1 段階	生活保護を受給している方、中国残留邦人等の方々のための支援給付を受けている方、老齢福祉年金受給者で世帯全員が市町村民税非課税の方、世帯全員が市町村民税非課税で、本人の前年の公的年金収入金額と合計所得金額の合計が 80 万円以下の方	基準額×0.45※	31,174 円※	25.3%
第 2 段階	世帯全員が市町村民税非課税で、本人の前年の公的年金収入金額と合計所得金額の合計が 80 万円を超え 120 万円以下の方	基準額×0.65※	45,029 円※	8.7%
第 3 段階	世帯全員が市町村民税非課税で、本人の前年の公的年金収入金額と合計所得金額の合計が 120 万円を超える方	基準額×0.75※	51,957 円※	9.0%
第 4 段階	世帯の中に市町村民税課税者がいて、本人が市町村民税非課税で、本人の前年の公的年金収入金額と合計所得金額の合計が 80 万円以下の方	基準額×0.90	62,348 円	12.0%
第 5 段階	世帯の中に市町村民税課税者がいて、本人が市町村民税非課税で、本人の前年の公的年金収入金額と合計所得金額の合計が 80 万円を超える方	基準額	69,275 円（月額 5,773 円）	8.7%
第 6 段階	本人が市町村民税課税で、前年の合計所得金額が 125 万円未満の方	基準額×1.15	79,667 円	12.3%
第 7 段階	本人が市町村民税課税で、前年の合計所得金額が 125 万円以上 200 万円未満の方	基準額×1.25	86,594 円	12.8%
第 8 段階	本人が市町村民税課税で、前年の合計所得金額が 200 万円以上 350 万円未満の方	基準額×1.50	103,913 円	7.0%
第 9 段階	本人が市町村民税課税で、前年の合計所得金額が 350 万円以上 500 万円未満の方	基準額×1.75	121,232 円	1.8%
第 10 段階	本人が市町村民税課税で、前年の合計所得金額が 500 万円以上 600 万円未満の方	基準額×2.00	138,550 円	0.5%
第 11 段階	本人が市町村民税課税で、前年の合計所得金額が 600 万円以上 700 万円未満の方	基準額×2.10	145,478 円	0.3%
第 12 段階	本人が市町村民税課税で、前年の合計所得金額が 700 万円以上 800 万円未満の方	基準額×2.20	152,405 円	0.2%
第 13 段階	本人が市町村民税課税で、前年の合計所得金額が 800 万円以上の方	基準額×2.30	159,333 円	1.3%

※第 1 ～ 3 段階については、2019 年 10 月の消費税率 10%への引き上げに合わせて低所得者の保険料の軽減強化が実施された結果、2018 ～ 2020 年度にかけて各年度の負担割合がそれぞれ第 1 段階：0.45（31,174 円）⇒ 0.375（25,979 円）⇒ 0.3（20,783 円）、第 2 段階：0.65（45,029 円）⇒ 0.575（39,834 円）⇒ 0.5（34,638 円）、第 3 段階：0.75（51,957 円）⇒ 0.725（50,225 円）⇒ 0.7（48,493 円）と引き下げられた。
資料：札幌市（2018）170, 172 頁と、札幌市（2021）175 頁より作成。

　図表 4-8 は、例として、札幌市の第 1 号保険料（2018-20 年度）
を示したものである。札幌市では 13 段階の所得区分があり、第
5 段階を基準額として、他の段階の負担割合を設定している。た
とえば、所得が最も低い第 1 段階では基準額の 0.45 倍の保険料と
なり、最も所得の高い第 13 段階では基準額の 2.30 倍となる。第
1 号被保険者は、自分が該当する所得区分の保険料を納めること
になり、多くの場合、特別徴収という形で年金額から天引きされ、
居住する市町村に納められる。

　図表 4-8 の札幌市の年間保険料の基準額 69,275 円、月額になお
すと 5,773 円は、次の手順で算出される [32]。まず、3 年度間のサ
ービス費用の見積もり（3 ヵ年累計）が 4,583 億円であり、その
うち公費負担分（50%）と第 2 号保険料分（27%）が 3,539 億円、
第 1 号保険料分（23%）が 1,044 億円となる。この第 1 号保険料
分を第 1 号被保険者の補正後人数（3 年間累計）149 万人で割り、
収納率（98.58%）で調整すると、基準額は月額で 5,927 円と算出
される [33]。

32）　以下の計算については、札幌市（2018）166-173 頁を参照。

33）　第 1 号被保険者の補正後人数とは、「被保険者の人数を保険料の負担割合に
　　よって換算した人数」である。たとえば、基準額の第 5 段階の対象者は「1 人」、
　　基準額の 0.75 倍を負担する第 3 段階は「0.75 人」、基準額の 1.5 倍を負担する
　　第 8 段階の対象者は「1.50 人」と数える。今回の札幌市の高齢者保健福祉計画
　　では、被保険者実人数の見込数（2018-20 年度の 3 年間累計）が 159 万人であ
　　り、補正後被保険者数は 149 万人である。また、基準額月額 5,927 円の一の位
　　が次式の計算結果と異なるのは、第 1 号保険料全体で負担する額と補正後人
　　数の端数処理の影響である（札幌市（2018）169-170 頁）。

保険料基準額（月額）=「第 1 号保険料全体で負担する額」
　　÷「第 1 号被保険者の補正後人数」÷収納率÷12 ヵ月
　　=1,044 億円÷149 万人÷98.58%÷12 ヵ月
　　=5,927 円

　このようにして基準額を算出した上で、札幌市では保険料負担の上昇を抑制するために、過去に生じた剰余金を積み立てた基金（札幌市介護給付費準備基金）の残高約 27 億円を取り崩し、当計画期間の基準額を月額 5,773 円に引き下げている。

　各市町村の第 1 号保険料の基準額には、要介護等認定率や、利用されるサービスの種類、利用率、市町村による保険料の軽減措置など、各地域のサービス水準の違いなどが反映される。2018-20 年度の第 1 号保険料（基準額）の月額の全国平均は 5,869 円であり、福島県葛尾村の 9,800 円から、北海道音威子府村の 3,000 円まで大きな差がある[34]。ただし後述するように、サービス水準以外の要因（高齢化率や所得水準など）による財政力格差については、調整・緩和する仕組みも内蔵されている[35]。

　他方で第 2 号被保険者（40 歳以上 65 歳未満の医療保険加入者）の保険料は、全国ベースの仕組みで算定と徴収と配分が行われる[36]。

34）　厚生労働省（2018）。
35）　導入時の議論については、介護保険制度史研究会（2016）292-296 頁を参照。
36）　以下の第 2 号被保険者の保険料に関する説明は、厚生労働統計協会（2020）72, 218 頁、社会保険研究所（2021a）497-500 頁、社会保険研究所（2021b）276-283 頁、厚生労働省老健局（2019）を参照した。

　全国で必要な介護給付費等のうち第 2 号被保険者の負担分
（2018-20 年度では 27％分）については、第 1 に、その年度に各
医療保険者（国民健康保険、被用者保険）が納付せねばならない
「介護納付金」額が決定され、第 2 に、各医療保険者はその納付
金額に基づいて、加入する第 2 号被保険者から介護保険料を徴収
し、その保険料を介護納付金として社会保険診療報酬支払基金
（以下、支払基金）に納める。第 3 に、支払基金は全国から納付
された介護納付金（第 2 号保険料）を、「介護給付費交付金」と
して各市町村等の介護保険特別会計に配分する（各市町村の介護
給付費等の 27％分）[37]。

　1 点目の各医療保険者に対する介護納付金額の決定には、それ
ぞれの保険に加入する第 2 号被保険者の人数で按分する「加入者
割」が用いられてきた[38]。しかし 2017 年介護保険法改正で、被
用者保険と国民健康保険の間の負担配分には「加入者割」を引き
続き使用しつつ、被用者保険の間では各保険者の総報酬額に比例
して負担する「総報酬割」が導入された（2017 年度から段階的
に導入、2020 年度から全面適用）。

　2 点目の各医療保険者が加入者から徴収する第 2 号保険料につ
いては、保険者によって保険料の算定方法が異なる。被用者保険
では、「各保険者が納付すべき介護納付金の額」を「当該保険者

---

[37]　2006 年度からは、地域支援事業支援交付金も加わった。

[38]　「加入者割」では、第 2 号保険料でまかなうべき費用総額を第 2 号被保険者
　　の総数で割り、第 2 号被保険者一人当たり全国均一の負担額を算出する。こ
　　れに、各医療保険者の第 2 号被保険者の数を乗じることで、当該保険者の介
　　護納付金額が算出される。（社会保険研究所（2021a）497-500 頁）。

が管掌する第2号被保険者の総報酬額の総額」で除して得た率を基準として、各保険者が介護保険料率を定め[39]、事業主と被保険者が折半して負担する。国民健康保険では各国保保険者（市町村等）の医療保険料の算出方法に準拠して所得割・均等割・資産割・平等割を組み合わせて設定され、医療保険料に上乗せして一括して徴収する[40]。

4.4.3 財政調整のメカニズム

　繰り返しになるが、介護保険制度は市町村ベースであるがゆえに、保険者である各市町村の間で、被保険者に占める高齢者の比重や介護ニーズの大きさ、保険料収入等の調達能力には大きな格差が生じる。そこで日本の介護保険制度では、その格差を緩和するために財政調整の仕組みが幾重にも組み込まれている。

　第1に、上記のように、第2号被保険者（40歳以上65歳未満）の介護保険料が、各医療保険制度を通じて全国から社会保険診療報酬支払基金にいったん集められ、各市町村に介護給付費交付金等として配分される際に、地域間の高齢化率の違いから生じる65歳以上の第1号保険料の負担格差を均すように配分されている[41]。

　第2に、国庫負担分の一部は「調整交付金」に充てられており、地域間の後期高齢者と低所得者の加入割合の違いなどから生じる

---

39)　健康保険法第百六十条第十六項。

40)　国民健康保険に対しては、事業主負担がないことなどを考慮して、介護納付金の財源の一部として公費が含まれている（厚生労働統計協会（2020）73頁）。

41)　詳しくは、介護保険制度史研究会（2016）306-308頁を参照。

財政力の差を緩和している。

　第 3 に、道府県と市町村のうち、定められた公費の地方負担分を自主財源だけでまかなうことが難しい財政力の弱い団体に対しては、地方交付税交付金によって一般財源の補塡が行われている。

　1 点目の第 2 号被保険者の保険料を再分配する介護給付費交付金について、さらに詳しく検討しよう。既述のように、介護給付費等の 50％分については、全国の第 1 号被保険者と第 2 号被保険者の人口比（2018-20 年度では 23：27）によって、第 1 号保険料と第 2 号保険料の負担配分（介護給付費等の 23％分と 27％分）が決定され、それが全国一律に適用される。

　しかし個々の市町村レベルでみると、全国平均の第 1 号と第 2 号の人口比と、その地域内での両者の人口比は異なるのが一般的である。そのため、高齢化が遅い地域では、実際の第 1 号被保険者と第 2 号被保険者の人口比から算出される負担配分（たとえば第 1 号と第 2 号の人口比が 1：9 であれば、第 1 号保険料が介護給付費等の 5％分、第 2 号保険料が同じく 45％分という配分）よりも、実際の介護給付費等に占める第 2 号保険料収入（介護給付費交付金）の割合（27％）は低くなる。逆に、高齢化が進んだ地域（たとえば第 1 号と第 2 号の人口比が 8：2）では、その人口比から算出される負担配分（第 1 号保険料が介護給付費等の 40％分、第 2 号保険料が同じく 10％分）よりも、実際の介護給付費等に占める第 2 号保険料収入の割合（27％）は高くなる。

　これを具体的にみるために、図表 4-9 から 2019 年度の武蔵野市（東京都）と北秋田市（秋田県）と札幌市（北海道）の介護保険特別会計の歳入を比較してみよう。武蔵野市は首都圏に位置す

る人口 14.7 万人の都市であり、財政力が高く、高齢化率 22.2％
は全国平均 27.9％よりも低い。他方で、北秋田市は秋田県の北部
中央に位置する人口 3.1 万人の市であり、全国でも高齢化率が高
い（43.4％）地域である。また札幌市は人口 195.9 万人の政令指
定都市であり、高齢化率は 27.2％であり、全国平均に近い。

　まず武蔵野市では、第 1 号被保険者である 65 歳以上人口は 3.3
万人であり、第 2 号被保険者に当たる 40 ～ 64 歳人口は 5.2 万人
である。もし同市のこの実際の人口比に合わせて、介護給付費等
（総合事業含む）の 50％分を第 1 号と第 2 号の保険料で分担する
ならば、第 1 号保険料が約 20％分、第 2 号保険料が約 30％分を
占めることになる（40 歳以上人口の総数を 50 とすると、そのう
ち 65 歳以上人口の比重が 19.3、40 ～ 64 歳人口の比重が 30.7 で
ある）。しかし、図表 4-9 にあるように、武蔵野市の介護保険の
歳入に占める第 2 号保険料（支払基金交付金）の割合は 24.5％で
あり、実際の人口比よりも低い。

　他方で、北秋田市は 40 ～ 64 歳人口（1.0 万人）よりも 65 歳以
上人口（1.4 万人）が多いため、この実際の人口比に基づくなら
ば、第 2 号保険料よりも第 1 号保険料のほうが介護保険財政に占
める割合が大きくなるはずである（同市の 40 歳以上人口の総数
を 50 とすると、40 ～ 64 歳人口の比重は 21.2、65 歳以上人口の
比重が 28.8）。しかし北秋田市では、介護保険特別会計の歳入に
占める第 2 号保険料の割合は 24.3％であり、第 1 号保険料は 16.6
％である。この第 1 号保険料の割合がかなり低い理由は、次に説
明する調整交付金による負担軽減も影響している。

　札幌市については、65 歳以上人口と 40 ～ 64 歳人口の割合が

図表 4-9　介護保険特別会計の収入構造の地域間比較（保険事業勘定、2019 年度決算）

	全国計		札幌市		武蔵野市		北秋田市	
	（百万円）		（百万円）		（百万円）		（百万円）	
保険料（第 1 号被保険者分）	2,394,886	21.3%	32,762	21.9%	2,635	22.5%	936	16.6%
国庫支出金	2,545,926	22.6%	34,920	23.3%	2,425	20.7%	1,439	25.5%
介護給付費負担金	1,838,347	16.3%	24,947	16.6%	1,858	15.9%	919	16.3%
調整交付金	510,231	4.5%	7,185	4.8%	433	3.7%	461	8.2%
地域支援事業交付金（総合事業）	91,441	0.8%	1,592	1.1%	16	0.1%	28	0.5%
地域支援事業交付金（包括・任意事業）	81,234	0.7%	883	0.6%	94	0.8%	26	0.5%
支払基金交付金（第 2 号保険料）	2,789,634	24.8%	37,812	25.2%	2,875	24.5%	1,371	24.3%
介護給付費交付金	2,692,249	23.9%	36,139	24.1%	2,857	24.4%	1,345	23.8%
地域支援事業支援交付金	97,385	0.9%	1,673	1.1%	18	0.2%	26	0.5%
都道府県支出金	1,538,713	13.7%	20,435	13.6%	1,639	14.0%	747	13.2%
介護給付費負担金	1,451,281	12.9%	19,206	12.8%	1,581	13.5%	722	12.8%
地域支援事業交付金（総合事業）	45,451	0.4%	788	0.5%	8	0.1%	12	0.2%
地域支援事業交付金（包括・任意事業）	40,222	0.4%	442	0.3%	47	0.4%	13	0.2%
繰入金	1,711,444	15.2%	23,908	15.9%	1,767	15.1%	918	16.3%
一般会計繰入金	1,253,442	11.1%	16,849	11.2%	1,314	11.2%	649	11.5%
介護給付費準備基金繰入金	63,017	0.6%	991	0.7%	0	0.0%	92	1.6%
地域支援事業繰入金（総合事業）	44,863	0.4%	754	0.5%	8	0.1%	12	0.2%
地域支援事業繰入金（包括・任意事業）	40,643	0.4%	387	0.3%	45	0.4%	15	0.3%
低所得者保険料軽減繰入金	82,845	0.7%	1,458	1.0%	71	0.6%	36	0.6%

繰越金	274,652	2.4%	0	0.0%	370	3.2%	236	4.2%
歳入合計	11,269,115	100.0%	149,911	100.0%	11,712	100.0%	5,650	100.0%
人口総数（千人）	127,138	100.0%	1,959	100.0%	147	100.0%	31	100.0%
40歳以上人口	78,175	61.5%	1,222	62.3%	84	57.4%	24	75.2%
40～64歳	42,688	33.6%	689	35.2%	52	35.2%	10	31.9%
65歳以上	35,487	27.9%	533	27.2%	33	22.2%	14	43.4%
75～84歳	12,413	9.8%	173	8.9%	11	7.6%	5	15.2%
85歳以上	5,801	4.6%	85	4.3%	6	4.3%	3	9.5%
40歳以上人口を50としたときの比率								
40歳以上人口	50.0		50.0		50.0		50.0	
65歳以上	22.7		21.8		19.3		28.8	
40～64歳	27.3		28.2		30.7		21.2	

出所：厚生労働省『令和元年度 介護保険事業状況報告（年報）』全国計・第15表、保険者別・第15表。
総務省『住民基本台帳に基づく人口、人口動態及び世帯数に関する調査（令和2年1月1日現在）』表番号 20-04。

全国平均に比較的近く、介護保険特別会計の歳入構成比をみても、第 1 号保険料が 21.9％、第 2 号保険料が 25.2％であり、上記の 2 市に比べて全国ベースの割合に近い。

　このように、全国的な第 2 号保険料の再分配の仕組みが存在することで、勤労世代である第 2 号被保険者が多い都市部から、住民の多くが高齢者である地域への財政移転が行われており、後者の第 1 号被保険者の保険料負担の上昇が抑制されている。

　次に、2 点目の調整交付金についてみていこう[42]。国の財政資金による調整交付金[43] は、要介護リスクが高くなる（要介護・要支援者の出現率や一人当たり保険給付費が高い）後期高齢者が多く加入するために給付費が高くなる市町村や、所得の低い高齢者が多いために必要な保険料収入の確保が困難となる市町村に対して、第 1 号保険料の基準額を全国平均と同水準にできるよう財政支援するものである。その目的は、市町村の努力では対応しがたい要因による保険料格差を是正し、各市町村の要介護認定率や給付水準が全国平均並みであれば、所得が同じ高齢者の保険料負担が全国的に等しくなるように調整することにある。具体的には、第 1 号被保険者における後期高齢者の割合と[44]、第 1 号被保険者の所得分布の全国平均との乖離に基づいて市町村間に配分される（両指標が全国平均と同じ市町村では、給付費に対する調整交

---

42)　以下の調整交付金の説明は、社会保険研究所（2021b）23-28 頁、厚生労働省老健局（2019）6 頁を参照した。

43)　調整交付金には、財政力の不均衡を調整するための普通調整交付金と、災害等の特別な事情がある場合に交付される特別調整交付金がある。本章で「調整交付金」というときには、基本的に普通調整交付金を指す。

付金の割合は5%となる）。

　図表4-9にある武蔵野市と北秋田市を比較すると、北秋田市では65歳以上人口（第1号被保険者）に占める75歳以上人口の割合が全国平均よりもかなり高いことなどから[45]、調整交付金が介護保険の財政収入の8.2%分も交付され、第1号保険料による財源調達の困難さを補っている。他方で、武蔵野市は第1号被保険者における後期高齢者割合は高いが、高所得者が多いことなどから、歳入に占める調整交付金の割合は3.7%にとどまる。調整交付金の配分額が少なくなる分は、同市の第1号保険料でまかなわれる[46]。

　最後に、3点目の地方交付税をみておこう。すでに述べたように、介護保険給付に対する地方の負担割合は、居宅給付費等では都道府県12.5%、市町村12.5%、施設等給付費では都道府県17.5%、市町村12.5%であり、この割合に相当する額が各地方公共団体の一般会計の財源から負担され、介護保険特別会計に繰り入れ

---

44)　この第1号被保険者の年齢分布を考慮するにあたり、2017年度までは「65-74歳」と「75歳以上」の2区分で調整交付金が計算されていたが、より高い年齢の高齢者の分布も反映するために、2018年度から「65-74歳」「75-84歳」「85歳以上」の3区分に変更された。また2020年度までは、後期高齢者の「要介護・要支援認定率」の高さを調整していたが、2021年度からは「一人当たり介護給付費」を調整する算定式に変更された（2021-23年度は移行措置）（社会保険研究所（2021b）23、26頁）。

45)　図表4-9から、65歳以上人口における年齢の高い高齢者の割合を計算すると、75歳以上人口の割合は全国平均51.3%、北秋田市56.9%、武蔵野市53.6%であり、85歳以上人口の割合は全国平均16.3%、北秋田市21.9%、武蔵野市19.4%となる。

46)　武蔵野市（2018）109頁。

られる。

　しかし財政力が弱い地方公共団体では、この費用負担分を自らの地方税収だけではまかなえない場合がある。地方交付税は、このような財政力の弱い地方公共団体でも国が定める標準的な行政サービスを実施できるように財源保障し、地方公共団体間の財政力の不均衡を調整するための制度であり、全国から集めた国税の一定割合を財源として財政力の弱い団体に交付金を配分するものである。

　これまで検討してきた 3 市をみると、まず武蔵野市は財政力が強いために地方交付税が交付されておらず、介護保険の市町村負担分のすべてを自主財源でまかなっていることになる。対して、札幌市と北秋田市は地方交付税を交付されており、介護保険の地方負担分もその一部が地方交付税によって支援されていることになる。ただし、歳入（普通会計ベース、2019 年度）に占める地方交付税の割合は両市の間でかなり差があり、札幌市の 10.7％に対して、高齢化率が非常に高く税収基盤も弱い北秋田市では 36.6％にも上る[47]。

　以上をまとめると、介護保険制度では、市町村単位とすることでその地域の介護保険給付のあり方が、その地域の高齢者（第 1 号被保険者）の保険料の大小に反映される仕組みが重視された。しかし、財政的な切り口から考えると、過疎地域では高齢化が速く進行し、要介護者が増加して保険給付が増えると、第 1 号被保

---

[47]　総務省『令和元年度 市町村別決算状況調』。なお、ここで説明している地方交付税とは、普通交付税のことである。

険者の保険料は急増して高齢者の負担可能な水準を超えてしまう
リスクもある。したがって、介護保険制度では、地域間の高齢化
率の違いによる第 1 号保険料の過重な負担水準と格差を緩和する
ために、全国から集めた第 2 号保険料を支援金として、全国一律
に給付費の一定割合で再配分するという財政調整の仕組みを組み
込むとともに、調整交付金によってさらに細かな調整が行われて
いる 48)。

　さらに、先に取り上げた 1994 年報告書で指摘されたように、
社会保険方式でありながらも、政府部門の一般会計からの公費
（給付の 50%）によって高齢者（第 1 号被保険者）の負担水準を
軽減すると同時に、第 2 号被保険者についても、保険料の重い負
担水準が緩和されている。それによって社会連帯としての国民の
間の広い分担である介護保険料と介護保険制度が受容されるとい
う側面も見逃してはならない。そしてこの公費負担分についても
また、財政力の弱い地方公共団体に対しては地方交付税による財
源保障と財政調整が行われているのである。

---

48)　その他、不測の事態等が生じたときに市町村の介護保険財政を支える仕組
　　みとして、財政安定化基金がある。財政安定化基金は都道府県ベースで設置
　　され、見込みを上回る給付費の増加や通常の徴収努力を行っても生じる第 1
　　号保険料の未納によって市町村の介護保険特会に赤字が生じた場合に、当該
　　市町村に資金の貸付や交付を行う制度である。財源は、国と都道府県と市町
　　村が 3 分の 1 ずつ負担する（厚生労働統計協会（2022）195 頁を参照）。

4.5　介護保険システムの調節：予防重視と地域化と持続可能性

4.5.1　介護保険の費用と負担の推移

　2000 年 4 月の施行後、介護保険の利用者数とサービス供給量は大きく拡大し、高齢者のいる世帯に定着していった。しかしこのことは他方で、さらなる高齢者数の急増が確実に予測される中で、制度を持続可能なものとするための対策の必要性も高めた。

　図表 4-10 に示すように、介護保険の給付費は、2000 年度は 3.2 兆円であったが、2010 年度には 7.3 兆円、2019 年度には 10.0 兆円に増加している。この給付費の増加を反映して、第 1 号保険料（基準額）の全国平均額は、第 1 期（2000-02 年度）の 2,911 円から第 7 期（2018-20 年度）には 5,869 円へと上昇し、第 2 号保険料の一人当たり平均額（月額）も介護保険創設当初は 2,000 円台であったが、2019 年度には 5,500 円台に上昇している。

　このような負担上昇は、公費負担においても生じており、今後のさらなる高齢者数の増加と高齢化の深化、生産年齢人口の減少という人口動態の下で、年金や医療のみならず、介護保険においても制度の持続可能性が懸念されている。そして介護保険においては、財政面のみならず、介護労働力の制約も大きな課題となっており、それらを乗り切る資源節約的な方策として介護予防や地域で介護を支える仕組みづくりが重視されることも多い[49]。

　ただし介護保険の本質を考えると、「可能な限り自立した生活」を続けることで、尊厳を保ちながら残りの人生を送れるよう支援することがむしろ本来的な目的である。それゆえに介護保険では、

図表 4-10　介護保険の給付費と保険料の推移

	年度	給付費 （年度累計） 億円	第1号保険料（月額、基準額の全国加重平均）円	第2号保険料（一人当たり月額、事業主負担分・公費を含む）円
第1期	2000	32,427		2,075
	2001	41,143	2,911	2,647
	2002	46,576		3,008
第2期	2003	50,990		3,196
	2004	55,594	3,293	3,474
	2005	57,943		3,618
第3期	2006	58,743		3,595
	2007	61,600	4,090	3,777
	2008	64,185		3,944
第4期	2009	68,721		4,093
	2010	72,536	4,160	4,289
	2011	76,298		4,463
第5期	2012	81,283		4,622
	2013	85,121	4,972	4,871
	2014	89,005		5,125
第6期	2015	90,976		5,081
	2016	92,290	5,514	（9月まで）　　　5,192 （10月以降）国保 5,190 被用者保険 5,249
	2017	94.443		国保 5,397 被用者保険 5,457
第7期	2018	96,266		国保 5,353 被用者保険 5,410
	2019	99,622	5,869	国保 5,532 被用者保険 5,591
	2020	102,311		5,669
第8期	2021	—		6,678
	2022	—	6,014	6,829
	2023	—		—

（注）給付費は、保険給付（介護給付・予防給付）の費用総額から利用者負担を除いた額。第2号保険料の一人当たり月額については、2020 年度までは確定額、2021 年度以降は予算における見込額。
（出所）厚生労働省「令和2年度　介護保険事業状況報告（年報）のポイント」3頁、厚生労働省老健局（2022）26 頁より作成。

介護予防を重視して自立した生活に必要な能力を可能な限り維持することを目指すという方向性が重要となり、要介護状態の悪化・重度化の予防や状態の改善を促進できれば、個人の生活の質を維持・向上させるとともに、結果的に制度の持続可能性の向上にもつながることになる。そして介護保険施行後の制度改革では、この「可能な限り自立した生活」を送る場としては「住み慣れた自宅や地域内」が重視され、全国のそれぞれの地域が、重度の介護・医療ニーズを持つ人でも在宅で生活できる体制（地域包括ケアシステム）を構築することを目指している。このような介護保険制度における介護予防や地域包括ケアシステムに関する制度改革の動向をみておこう。

4.5.2　介護予防と地域包括ケアに関する制度改革の動向

　介護保険の最初の制度改正は 2005 年に行われ、その後は 3 年毎に、新たに出てきた課題への対応や中長期的な観点からの改革が進められている。介護予防や地域包括ケアに関する大きな法改正が行われたのが 2005 年と 2011 年と 2014 年である。

　2005 年介護保険法改正では[50]、予防重視型のシステムへと転換し、要支援・要介護状態になることや状態の悪化を予防するための総合的な介護予防システムの確立が目指された。特に、制度

---

49)　すなわち、要介護等状態になることや、要介護度が悪化するのを防ぐことで、介護サービスのための費用も人的資源も節約できる。また、費用の高い施設サービスを抑制するために、在宅ケアの地域基盤（在宅介護や在宅医療サービスの拡充や、買物やゴミ捨て等の専門性を必要としない支援について一般人のボランティアの活用など）を整備する方向も目指されている。

50)　厚生労働統計協会（2022）199-200 頁、厚生労働省（2006）252-254 頁。

開始後に軽度（要支援と要介護1）の認定者が大きく増加する一
方で、軽度者に対するサービスが状態改善につながっていないこ
と等が問題とされたことから、軽度者の区分を変更し、予防給付
の対象や内容等を見直して再編した。また、地域支援事業が創設
され、要支援・要介護状態になる恐れのある高齢者等に対する介
護予防事業が開始された。

　そして地域を基盤とする新たなサービス体系を確立するために、
地域密着型サービスと地域包括支援センターが創設された。これ
らについてはすでに述べているが、地域毎の仕組みづくりが重視
されるのは、地域によって人口動態や地域資源が大きく異なり、
高齢者の生活環境や必要な介護サービスの種類、介護事業者の状
況、家族形態やコミュニティのつながりが多様なためである。

　次に、2011年介護保険法改正では地域包括ケアの推進が掲げら
れ[51]、第1次ベビーブーマーが75歳以上となる2025年を目途に
各地域に地域包括ケアシステムを実現することが目指された。地
域包括ケアシステムとは、「地域の事情に応じて高齢者が、可能な
限り、住み慣れた地域でその有する能力に応じ自立した日常生活
を営むことができるよう、医療、介護、介護予防、住まい及び自立
した日常生活の支援が包括的に確保される体制」とされている[52]。

　そして、在宅介護を支えるサービスが拡充される（24時間対
応の定期巡回・随時対応サービスなどの新設）とともに、市町村
が介護予防や生活支援サービス（配食・見守りなど）やケアマネ
ジメントを総合的に提供できる介護予防・日常生活支援総合事業

---

51)　厚生労働統計協会（2022）201-203頁。

52)　厚生労働省（2016）393頁。

（略して、総合事業）が、地域支援事業の一つとして創設された
（この時点では、実施は市町村の任意）。

　さらに 2014 年介護保険法改正では、地域包括ケアシステムの
構築に向けて、地域支援事業の充実（在宅医療・介護連携や認知
症施策の推進、生活支援・介護予防サービスの充実等）を図ると
ともに、2011 年に導入した総合事業を「新しい総合事業」へと
改変し、全市町村で実施することとした。これとあわせて、サー
ビスの重点化・効率化として、特別養護老人ホーム入所者を、原
則、要介護度 3 以上に限定し、また、要支援者の訪問介護・通所
介護を予防給付（全国一律の基準）から地域支援事業の新総合事
業（市町村の多様な運用が可能）に移行した[53]。

　続く 2017 年介護保険法改正では、地域包括ケアシステムの深
化・推進のために、介護予防・重度化防止に向けた保険者機能の
強化（自立支援・重度化防止）や、医療・介護連携の推進（介護
医療院の創設など）などが目指されている。

　介護保険の中心的な役割は、支出規模と利用者数のいずれから
みても要介護状態等にある高齢者への介護支援であることは変わ
りないが、それと並行して、介護予防を重視し、各地域が地域資

---

[53]　厚生労働統計協会（2022）203-205 頁。このような地域支援事業の拡大やサ
　　ービスの移行は、多様な主体（NPO や民間企業、住民ボランティアや協同組
　　合等）による多様なサービス（従来よりも規制を緩和）の提供を可能とする
　　ことで、専門性を要しない生活支援（買い物、ゴミ出し、その他）などにつ
　　いてはそれらの主体が担い、介護専門職の人たちが専門的サービスに専念で
　　きるようにして労働環境を改善することや、健康な高齢者の社会参加を促進
　　することで、介護予防と地域の支え手となることが意図されている（厚生労
　　働省「平成 26 年（2014 年）介護保険法改正」）。

源の有効活用と創意工夫によって効果的・効率的な地域包括ケアシステムを構築・運用することも一貫して目指されており、そのために国レベルの制度改革と地方公共団体への権限移譲も行われている。しかし、これらの事業がどの程度、実効性がある形で実現できるかはまた別の問題であり、効果のある介護予防の方策やケアマネジメント、地域内での多職種の連携や高齢者の社会参加などに向けた模索が続いている。

　以上みたように、介護保険制度は、給付の枠組みや介護報酬、財政調整などのシステムの基本構造は全国統一的に設計されているが、他方で、地域に基盤を置く分権的な仕組みづくりも内蔵されている。たとえば給付と負担の連動を一部に組み込んだ第1号保険料の仕組みは、創設当時は地方分権の文脈で重要な要素と位置づけられた。そしてその後の改革における地域包括ケアシステムの模索も、地域に根ざした仕組みづくりの一環として理解できる。介護保険制度の創設から20年以上が過ぎたが、人間らしい介護保障を実現しながら、介護保険の費用膨張を抑制するために制度を合理化し、介護の負担を社会でどのように分担するかは、これからもっと大きな課題となる。

　日本では、20世紀後半に「豊かな社会」の形成プロセスで弱体化した家族と地域コミュニティに代わって、その「豊かな社会」から生み出される財源によって社会保障制度を充実させながら福祉ニーズを社会化してきた。しかし21世紀的環境下では日本経済の成長力の低下と高齢化の深化が進み、従来型の世代間再分配システムは限界にきており、増大する福祉ニーズに対処するため

Column9

負担の公平性

　介護保険制度改革では「負担の公平性」も重要な課題の一つであり、これまでにサービス間の利用者負担の不均衡の是正や、保険料や利用者負担の応能負担的な性質の強化などが行われてきた。

　まず、サービス間の利用者負担の不均衡の是正として、2005年改正の施設給付の見直しがある*。当時、居宅サービスでは居住費用や食費は全額自己負担が原則であったのに対し、施設サービスではそれらの費用が保険給付の対象であったため、不公平の問題が生じていた。そこで、それを是正するために、施設サービス利用者も居宅と食費を自己負担するように変更され、低所得者に対しては負担軽減策として食費・居住費を補填する「補足給付」が導入された。

　利用者負担については、相対的に経済力の高い利用者に対する負担増加も行われている。介護保険では利用者負担を所得に関わりなく一律1割としてきたが、2014年介護保険法改正において一定以上の所得がある利用者の利用者負担を2割に引き上げ、さらに2017年法改正で、特に所得が高い層については3割に引き上げた。その他、上記の補足給付についても、2014年法改正で資格要件に預貯金等の資産を勘案するよう見直された**。

　負担の公平性を改善する際には、負担軽減という方向で改善を

の新たなシステムが必要となっている。現代の日本社会において個人をかつての大家族や故郷の共同体に戻すことは不可能であり、むしろ新たな地域コミュニティの連携の中に取り込み、そこで人間的なつながりの中で「尊厳」を保ちながら高齢期の困難を支え

図る途もあるが、介護保険の給付費が膨張するトレンドの中では、利用者の負担増加と給付の抑制を図る方向が選択されてきたといえる。

保険料についても応能負担的な性質が強化されている。第1号保険料については、2005年介護保険法改正で低所得者に配慮するために保険料の標準段階（所得段階別に保険料を定める際の所得区分）が5段階から6段階へと細分化された。さらに2014年介護保険法改正では、標準段階が9段階に増やされるとともに、公費の追加投入による低所得者の保険料軽減の拡充も行われた。このような応能的性質の強化には支持もある一方で、介護保険制度の創設当初の目的からすれば、応益負担という性質を弱めるものとして問題とする見方もある。

また第2号保険料に関しても、同じ所得でも加入する医療保険（保険者）によって保険料率が異なったり、所得の高い加入者の多い保険者の方がより保険料率が低くなるという問題を改善するために、被用者保険への介護納付金の割当方法に「総報酬割」を導入した（2017年介護保険法改正）＊＊＊。

（加藤美穂子）

＊厚生労働省（2006）252-254頁、厚生労働統計協会（2022）200頁。

＊＊厚生労働統計協会（2022）203-205頁。

＊＊＊社会保障審議会介護保険部会（2016）。

あうような仕組みを構築することが望まれよう。

第 4 章参考文献

岡本祐三（1996）『高齢者医療と福祉』岩波新書

介護保険制度史研究会（2016）『介護保険制度史：基本構想から法施行まで』社会保険研究所

北秋田市（2018）『高齢者福祉計画・第 7 期介護保険事業計画』

厚生省（1967）『厚生白書（昭和 41 年度版）』大蔵省印刷局

厚生省（1991）『厚生白書（平成 2 年版）』ぎょうせい

厚生労働省（2006）『厚生労働白書（平成 18 年版）』ぎょうせい

厚生労働省（2016）『厚生労働白書（平成 28 年版）』日経印刷

厚生労働省（2018）「第 7 期計画期間における介護保険の第 1 号保険料及びサービス見込み量等について」（https://www.mhlw.go.jp/stf/houdou/0000207410.html、2018 年 5 月 21 日公表）

厚生労働省（2020a）「2019 年　国民生活基礎調査の概況」（https://www.mhlw.go.jp/toukei/saikin/hw/k-tyosa/k-tyosa19/dl/14.pdf、2023/9/1 最終閲覧）

厚生労働省（2020b）「介護給付費等実態統計　月報（2020 年 4 月）」

厚生労働省（2022a）『令和 3 年　国民生活基礎調査』

厚生労働省（2022b）『厚生労働白書（令和 4 年版）』日経印刷

厚生労働省『介護保険事業状況報告（年報）』各年版

厚生労働省「第 2 号被保険者にかかる介護保険料について」（https://www.mhlw.go.jp/topics/kaigo/osirase/jigyo/19/dl/r04_hihokensha.pdf、2023/9/1 最終閲覧）

厚生労働省「介護予防・日常生活支援総合事業のガイドライン」（平成 27 年 6 月 5 日老発 0605 第 5 号 厚生労働省老健局長通知）（https://www.mhlw.go.jp/content/12300000/000957649.pdf、2023/8/18 最終閲覧）

厚生労働省「平成 26 年（2014 年）介護保険法改正」（https://www.mhlw.go.jp/file/06-Seisakujouhou-12300000-Roukenkyoku/k2014.

pdf、2023/8/12 最終閲覧)

厚生労働省老健局「公的介護保険制度の現状と今後の役割　平成 30 年
度」(https://www.mhlw.go.jp/content/0000213177.pdf?referral=
taxac、2023/9/1 最終閲覧)

厚生労働省老健局 (2019)「介護保険制度をめぐる状況について」(社
会保障審議会介護保険部会 (第 75 回) 資料 3、2019 年 2 月 25 日)
(https://www.mhlw.go.jp/content/12601000/000482328.pdf、2023/
9/1 最終閲覧)

厚生労働省老健局 (2022)「介護保険制度をめぐる最近の動向につい
て」(社会保障審議会介護保険部会 (第 92 回) 資料 1、2022 年 3
月 24 日) (https://www.mhlw.go.jp/content/12300000/000917423.
pdf、2023/9/1 最終閲覧)

厚生労働統計協会 (2020)『厚生の指標増刊　保険と年金の動向 2020/
2021』Vol. 67, No. 14

厚生労働統計協会 (2022)『厚生の指標増刊　国民の福祉と介護の動
向 2022/2023』Vol. 69, No. 10

高齢者介護・自立支援システム研究会 (1994)「新たな高齢者介護シ
ステムの構築を目指して」(所収：厚生省高齢者介護対策本部事
務局監修 (1995)『新たな高齢者介護システムの構築を目指して：
高齢者介護・自立支援システム研究会報告書』ぎょうせい)

国立社会保障・人口問題研究所 (2023)『日本の将来推計人口 (令和 5
年推計)』

札幌市 (2018)『札幌市高齢者支援計画 2018』札幌市

札幌市 (2021)『札幌市高齢者支援計画 2021』札幌市

社会保険研究所 (2021a)『介護保険制度の解説　令和 3 年度版』社会
保険研究所

社会保険研究所 (2021b)『介護保険の実務 令和 3 年度版』社会保険
研究所

社会保障審議会介護保険部会 (2004)「介護保険制度の見直しに関す

る意見」(http://www.mhlw.go.jp/shingi/2004/07/s0730-5.html、2023/9/1 最終閲覧)

社会保障審議会介護保険部会 (2016)「費用負担（総報酬割）」（第 67 回社会保障審議会介護保険部会、2016 年 10 月 19 日開催、参考資料 2）(https://www.mhlw.go.jp/file/05-Shingikai-12601000-Seisaku toukatsukan-Sanjikanshitsu_Shakaihoshoutantou/0000140159.pdf、2023/9/1 最終閲覧)

杉村章三郎・山内一夫 (1975)『行政法辞典』ぎょうせい

総務省『令和元年度 市町村別決算状況調』

総務省『住民基本台帳に基づく人口、人口動態及び世帯数調査（令和2 年 1 月 1 日現在）』

総務省統計局 (2018)『平成 29 年就業構造基本調査 結果の概要』

総務省統計局 (2021)『令和 2 年国勢調査 人口等基本集計結果 結果の概要』

高木 光 (2015)『行政法』有斐閣

東京都福祉保健局 (2006)『高齢者虐待防止に向けた体制構築のために―東京都高齢者虐待対応マニュアル―』東京都福祉保健局高齢社会対策部在宅支援課

内閣府 (2023)『高齢社会白書 令和 5 年版』全国官報販売協同組合

堀 勝洋 (1996)「社会保障法判例」『季刊・社会保障研究』Vol. 32、No. 1、78-83 頁

武蔵野市 (2018)『武蔵野市高齢者福祉計画・第 7 期介護保険事業計画』

第5章　社会福祉システム[1]

木下　武徳

渋谷　博史

5.1　社会福祉の意義

5.1.1　社会福祉の役割

　現代の日本では、基本的に、国民は自分の勤労によって稼得した収入で自立的に生活しており、その稼得収入の中から租税や社会保険料を納めることで福祉国家・社会保障が成り立っている。福祉国家あるいは社会保障システムは、何らかの原因で経済的・社会的な自立が困難になるリスクに備える仕組みであり、その主軸である年金や医療保険、介護保険という社会保険については第1〜4章で検討した。本章では、その主軸の社会保険ではカバーされない人々への救済・援助の仕組み（セーフティネット）である公的扶助と社会福祉について検討する。

　21世紀の現在は、一方で人口の減少と高齢化が進行し、他方でグローバル化による国際競争が激化するという条件悪化の中で、セーフティネット（公的扶助、社会福祉）は、福祉国家あるいは社会保障システムにおける補完的な仕組みとしてではなく、むし

---

1)　本章の執筆担当は、第1節及び第2節が木下武徳、第3節及び第4節が渋谷博史である。

ろ、最も重要な分野として位置付ける必要がある。

　長期的な経済状況の悪化の中で格差の拡大が耐え難いほどに顕著になりつつある。20世紀型の社会保障システムの主軸であった社会保険への保険料納付が困難になる人々が増加し、無年金者や無保険者となるリスクが高まり、生活保護受給者も増加している。また、障害者福祉や児童福祉の分野でも様々な困難が表面化している。日本が経済大国で先進国の一員であるならば、このような状況の中でこそ、確実なセーフティネットを整備・拡充すべきであろう。

　さて、「福祉」は「幸せ」という意味があるが、「社会福祉」という場合には、大きく2つの意味合いがある。第1に、社会福祉は、介護の必要や貧困等の社会問題によって生活が脅かされ、生活困難にある人々にその人にあった援助やサービスを提供することによって、その人々の生活の安定と幸福の条件を提供するものである（目的としての社会福祉）。これは憲法第13条の幸福追求権につながるものである。

　第2に、社会福祉は、社会問題に社会的に取り組むにあたって、社会の代表機関としての政府や地方公共団体が取り組む具体的な社会福祉の制度・施策としての意味合いがある（制度・施策としての社会福祉）。具体的には、高齢者福祉、障害者福祉、児童福祉、生活保護等の社会福祉の各制度を表す。これは憲法第25条の生存権と国の生活保障義務につながるものである。

　社会保障システムの中で社会福祉はどのように位置付けられるのだろうか。1993年の国の社会保障制度審議会による『社会保障将来像委員会第一次報告』には次のような記述がある。

　社会保障は、歴史的には、貧困者を救済する公的扶助と、貧困に陥るのを防止するための社会保険との二つの制度を起源として形成されてきた。このため、社会保障を公的扶助と社会保険の統合形態だとする考えがある。しかし、今日では、公的扶助ほど厳しい資産調査又は所得調査を行わないが、社会保険としてではなく、一般財源による給付を行なう分野も社会保障の中で重要性を増してきている。例えば、児童手当などの社会手当、福祉サービス、公費負担医療などがあるが、公的扶助を含めてこれら一般財源による給付を社会扶助と呼ぶとすれば、社会保障は社会保険と社会扶助から成るということができる。

　ここでは、一般財源（租税資金）による給付が「社会扶助」と呼ばれているが、これが広い意味での社会福祉（広義の社会福祉）といえる。この広義の社会福祉には、社会手当等の「現金給付」と福祉サービス等の「現物給付」や「対人サービス」が含まれている。一方、狭い意味での社会福祉（狭義の社会福祉）としては、福祉サービスがイメージされることが多い。多くの人にとって、社会福祉とは高齢者介護や保育等のイメージが強いだろう。注意が必要なのは、公的扶助、つまり生活保護は現金給付であると同時に、ケースワークという対人サービスを併せ持つ制度であることである。

　なお、社会手当は厳しい資産調査や所得調査を行わないで支給される現金給付である。例えば、中学生までの子どものいる世帯に月額1万円から1万5,000円が支給される児童手当は、（夫婦・児童2人世帯の場合）税引き後の所得制限額は736万円（収入額

目安 960 万円）である。また、所得中間層まで対象にした公費負
担医療には自立支援医療があり、障害者（18 歳以上）の更生医療、
障害児の育成医療等が含まれる。広義の社会福祉の制度・施策は
公的扶助に加え、厳しい資産調査・所得調査をせず、一定の所得
制限を設けて基本的には高所得者をその利用から排除しながらも、
中間所得層まで国民の多数を対象としていることが特徴である。
ここから社会福祉が貧困者だけでなく、広く国民を対象としたも
のにもなっていることがわかる[2]。

5.1.2　社会福祉の理念

　社会福祉は何のためにあるのか。その存在意義を示すのが社会
福祉の理念である。理念はその時代の社会福祉の役割をも示すも
のでもある。ここでは特に重要な理念である「人権保障」、「ナシ
ョナル・ミニマム」、「社会的包摂」の 3 つを紹介しておきたい。
　第 1 の理念は、人権保障である。その人権を保障するためには
法制度が整備されなければならない[3]。日本も戦争の反省にたっ
て 1946 年に日本国憲法が制定され、その第 25 条第 1 項で「すべ
て国民は、健康で文化的な最低限度の生活を営む権利を有する」、
第 2 項で「国は、すべての生活部面について、社会福祉、社会保

---

2)　社会手当には児童手当の他に、障害児のいる世帯への特別児童扶養手当、一
　　人親世帯への児童扶養手当、重度障害者のいる世帯への特別障害者手当等があ
　　る。

3)　第二次大戦で多くの兵士や市民が犠牲になったことを反省し、1948 年に国
　　際連合で「世界人権宣言」が採択され、その中で「社会保障を受ける権利」
　　も確認された。1966 年には「経済的、社会的及び文化的権利に関する国際規
　　約（A 規約）」が採択され、法的拘束力を持つようになった。

障及び公衆衛生の向上及び増進に努めなければならない」として、
国民の生存権と国の社会福祉等の向上・増進の義務が定められた。
こうした人権、生存権を具体的に保障するために、社会福祉制
度・施策が整備される。

　第2の理念は、ナショナル・ミニマム（National Minimum）
である。これは1897年にウェッブ夫妻がその著書『産業民主制
論』のなかで、イギリスの労働者の過酷な労働が産業社会の発展
を妨げており、賃金、労働時間、教育、余暇など国民に保障され
る最低限のルールであるナショナル・ミニマムが重要であると主
張したものである[4]。その後、イギリスのチャールズ・ブースが
1886年から1902年にかけてロンドン市で、シーボーム・ラウン
トリーが1899年からヨーク市で、貧困調査を実施し、人口の3
割が貧困線以下の生活を送っており、その貧困の主たる原因は、
怠惰ではなく、不安定雇用、低賃金、疾病、多子にあることを明
らかにした[5]。これらの貧困調査の結果、資本主義の発達により
都市労働者の貧困が広まったことが明らかになり、貧困者の最低
生活保障をすべきという考えが強まり、ナショナル・ミニマムの
理念が広まった。戦後イギリスの社会保障の設計図となった
1942年のベヴァリッジ報告で社会保障の原則として最低生活保
障としてのナショナル・ミニマムが位置付けられ[6]、世界に広ま
った。日本でも、国民全体に対して憲法第25条第1項で「健康

---

4)　ウェッブ（1897=1969）937-966頁、大前朔郎（1983）154-155頁を参照。

5)　阿部實（1990）、毛利健三（1990）171-179頁、B. S. ラウントリー（1975）
　　を参照。

6)　W. ベヴァリッジ（1942）5、190頁の9節および307節等を参照。

で文化的な最低限度の生活」が求められるようになった。

　ここで、なぜ生活保障の水準がミニマムなのかを考えておく必要があるだろう。近代社会以降、労働により収入を得て、その収入で必要なものを購入して生活を成り立たせるという生活自己責任の考え方が普及している。その中で、政府が社会の一般的な生活水準を保障することは難しい。

　その理由は、一般的な水準まで生活保障をするとなると、多額の公的資金が必要になる。そのためにはその分多額の財源が必要になり、納税者は多くの税負担を求められることになる。しかし、他人の生活のために高い税金を求められるということは、納税者にとっては理解が困難なこともある。そのため、生活保障の水準は納税者の理解の得られる最低限に抑えられてしまう。つまり、社会福祉の充実には、納税者の社会福祉に対する理解が必要なのである。

　一方、戦後の日本ではナショナル・ミニマムの理念は、地方公共団体の取り組みを通して「シビル・ミニマム」等としてより高い水準が求められてきた。シビル・ミニマムとは地方公共団体レベルでの生活保障水準の基準であり、特に都市部において高度経済成長のなかでナショナル・ミニマムよりも高い、地方公共団体レベルでより高い水準の生活保障を図ることである[7]。そして、国もそれに合わせて社会福祉施策を拡充してきた。例えば、1972年の児童手当ので導入では1962年に実施した武蔵野市、1973年の高齢者の医療費負担の無料化では1960年に実施した秋田県沢

---

　7)　松下圭一 (1971) 272-277 頁。

内村（現・西和賀町）といった先駆的な地方公共団体がモデルとされた[8]。このように、社会福祉の充実のために、先駆的地方公共団体を通して国民の理解を得て、国の施策として採用されてきたのである。こうして、ナショナル・ミニマムの理念は、シビル・ミニマムというより高い生活保障水準を求める理念へと発展してきたのである。

　第3の理念は、社会的包摂（Social Inclusion）である。社会的包摂は社会的排除を克服する理念として位置付けられる[9]。社会的排除とは、仕事、社会福祉、教育のような社会的制度や、近隣・友人、コミュニティなどの社会関係からの排除を意味する。社会的排除が提起したことは、生活問題や貧困問題が単にお金だけの問題ではなく、それにより多方面の社会制度や社会関係から排除されていることで、より問題が多面化し、複雑化し、深刻化することを示したことにある。例えば、仕事が見つからず（労働からの排除）、国民健康保険料を滞納して医者にかかれず（医療からの排除）、家に引きこもりがちになるかもしれない（地域からの排除）。社会的排除はこうした生活問題の多面性を明らかにする。社会的排除の問題を抱えている人々を包摂し、社会的排除のない社会を構築していくことが「社会的包摂」の理念である。

　社会的排除は1970年代からフランスを中心にヨーロッパで使われ始めた言葉であるが、日本で注目をされたのは、2000年12月の厚生省（現・厚生労働省）の『社会的な援護を要する人々に対する社会福祉のあり方に関する検討会報告書』によってである。

---

8)　木下武徳他（2008）、前田信雄（1983）を参照。

9)　福原宏幸（2006）、岩田正美（2008）等を参照。

この報告書のなかで、社会的排除にある人々の「つながりの再構築」（社会的包摂）の必要性が主張された。その後、2002 年のホームレス自立支援法等、これまで社会福祉制度からも排除されがちであった人々への対策がとられるようになってきた。

　検討の早かったヨーロッパでは 2001 年に公表された欧州委員会『社会的包摂に関する合同レポート』で、より具体的な社会的包摂の対策がとられた。そこでは、①雇用へのアクセスを促すことによる貧困と社会的排除からの脱却（インクルーシブな労働市場）、②尊厳ある生活を営むための所得と資源の保証、③教育における不利益への取り組み、④脆弱な家族への支援と子どもの権利擁護、⑤安心して暮らせる住環境の確保とホームレス状態の予防と対応、⑥医療、介護、文化などの質の良いサービスへの平等なアクセス、などが社会的包摂の目標とされた[10]。社会的包摂は、障害者や高齢者、児童、母子世帯等社会的に排除されやすい傾向にある人々の生活の多様な側面に配慮が求められるようになった。

　以上のように、社会福祉の理念は、人権という抽象的な理念から、ナショナル・ミニマムとして最低限の保障を確立し、さらに社会的包摂として生活の多様な側面の改善を図る具体的な政策の確立が求められる理念へと発展してきた。この理念の発展は人々の社会福祉に対する期待の変化の表れでもある。つまり、社会福祉が一部の人のための貧困対策から一般の人々の生活の質の向上を図る施策へと展開してきたということである。

---

10)　福原宏幸（2006）16 頁を参照。

　このような理念の変化の中、日本ではどのように社会福祉の制度・施策が発展してきたのか。次節では社会福祉の歴史的な展開についてみていこう。

5.2　社会福祉の3つの画期

　本節では社会福祉の歴史について解説する。ここでは社会福祉の特徴が大きく変容する時期を踏まえて、時期を3区分している。第1に、明治時代から第二次大戦までであり、社会福祉が、権利としてではなく、社会的統治手段のための恩恵的な位置付けとされ、その利用が制約されていた時期である。第2に、第二次大戦から2000年ごろまでであり、戦後社会福祉が権利として確立し、高度経済成長期等をへて社会福祉の対象も拡大してきた時期である。第3に、2000年の社会福祉基礎構造改革以降であり、高齢者福祉、障害者福祉等を中心にその利用が拡大していく中で、行政が責任を持って社会福祉を提供する基本的な仕組みであった措置制度から、民間福祉サービスを利用することを支援する利用契約制度に改革された時期である[11]。

　つまり、戦前は社会福祉の権利は否定されていたが、戦後になって社会福祉が権利として確立してきた。しかし、低経済成長とグローバル化が強まり、2000年に入るころには社会福祉も抑制されるようになってきたのである。以下、この時期区分にしたがって社会福祉の歴史を詳しくみていこう。

---

11)　社会福祉の歴史については、田中和夫・石井洗二・倉持史郎編（2017）等
　　を参照した。

5.2.1　明治時代から第二次大戦まで

　明治期から第二次大戦までの国の貧困対策は権利性も確立しておらず、恩恵的で極めて制約されてきた。それを補ったのが民間慈善活動であるが、これも財源の問題もあり、十分ではなかった。

　明治維新後、1874 年に近代国家として都市貧困者への対応を図るために 恤 救 規則が制定された。恤救規則では「人民相互の情誼に因り」、つまり住民同士の助け合いを前提として、それでも救われない、労働能力のない高齢者や障害者、子どもらの「差し置き難き無告の窮民」に対して米代を支給した。しかし、恤救規則は法律ではなく行政通知で予算の裏付けも弱く、その対策は極めて不十分であった[12]。

　それを補ったのが、民間慈善活動であった。石井十次の「岡山孤児院」（1887 年）、石井亮一の知的障害児のための「滝乃川学園」（1891 年）、留岡幸助の触法少年らの教育のための「北海道家庭学校」（1899 年）、片山潜のセツルメントである「キングスレー館」（1897 年）などが代表的である[13]。しかし、そのほとんどが個人資産を投げ打って運営されてきたものであり、財政的に厳しく、対症療法的な支援にとどまった。

　第一次大戦（1914-1918）の後に、物価高騰と貧困や社会不安が深刻化して 1918 年に米騒動が発生するという状況の中で、岡山県の済世顧問制度（一定の地域の範囲で篤志家による貧困者の相談や援助）をはじめとして、大阪府の方面委員制度など同様の

---

12)　田中和夫・石井洗二・倉持史郎編（2017）99-102 頁。

13)　田中和夫・石井洗二・倉持史郎編（2017）40-45 頁。

仕組みが全国各地に広まった。つまり、地域の篤志家が救済活動をしやすいように行政が整備を始めた。しかし、地域の篤志家の活躍で対応できるほどの貧困問題ではなかったのである。

　第一次大戦後に日本の経済社会が現代化し始める中で、政府の限定的な施策と民間慈善活動による対応では、深刻化する貧困問題や経済不況に対応することはまったく不十分であることが明らかとなり、1929年に救護法が制定された。救護法の主な特徴は、市町村長が救護機関となり、方面委員がその補助機関として実務を担ったこと、財政負担として国が2分の1、市町村・道府県[14]がそれぞれ4分の1としたことが挙げられる。一方、救護法では、不良や怠惰と認められる場合は救済しないとする欠格条項があったこと、1925年に普通選挙法が成立したが、この援助を受ける者は選挙権が剥奪されることなど、その権利性は明確に否定されていた。

　その後、日本が戦時体制に入る中で、戦争遂行のために、1937年には軍事扶助法が成立し、兵士の死亡や疾病によるその家族の生活困難に対応した（なお、この場合は選挙権は剥奪されない）。1938年には、健康な兵士を確保するために国民健康保険法が成立し、それを取りまとめる国の機関として厚生省も設置された。こうして国民の福祉のためではなく、戦争遂行のための厚生事業が進められた。

---

14)　東京は当時、都ではなく府・市であった。

5.2.2　**第二次大戦後から 2000 年ごろまで**

　1945 年に日本は第二次大戦で敗戦し、空襲で焼け出された人、引揚者、戦災孤児、失業者等があふれる事態となった。一方、人権尊重を中心に据えた憲法制定をはじめ、新しく政府・行政機関、法制度が整備され、社会福祉の制度・施策も確立してきた。国民も人命軽視が顕著な戦争の反省として平和に生きる権利を求め、社会福祉の権利性が追求されたのである。

　戦後の深刻な貧困の中で、それに対応する救済策として、まず整備されたのが、1946 年 9 月に成立した（旧）生活保護法であった。この法律の主な特徴として、国の財政負担を 8 割とし国の救済責任が明確になったが[15]、その運用では市町村長が実施機関となり、補助機関として民生委員（旧・方面委員）が実務を担うこと、怠惰や素行不良な者は保護されない欠格条項があったこと、保護請求権は否定されていることなど、その権利性は不十分であった。

　しかし、1950 年に（新）生活保護法が成立し、貧困救済に対する権利性が確立することになった。その背景として、（旧）生活保護法が成立したのと同じ 1946 年の 11 月に日本国憲法が公布された影響が大きい。憲法第 25 条で「健康で文化的な最低限度の生活を営む権利」（生存権）が規定され、（旧）生活保護が生存権を保障するものかが問われることになったのである。その結果、

---

[15]　1946 年 2 月に GHQ から「社会救済に関する覚書」（SCAPIN 775）が示され、無差別平等、国家責任、公私分離、必要充足の 4 つの原則に従って、日本政府は生活困窮者対策をすることが求められたことも大きな要因であった。

旧法の改正ではなく、新たに法案がつくられ、（新）生活保護法が成立することになった。（新）生活保護法は憲法第 25 条第 1 項に基づいていることが明記され、保護請求権とそれを担保する不服申立制度が規定された。また、補助機関として行政の有給専門職員である社会福祉主事（ケースワーカー）が実務を担うことになった。こうして、日本では初めて貧困者が権利として保護を受けられるようになったのである。

　1947 年には児童相談所や保育所、児童福祉施設などの規定を含む児童福祉法が成立した。翌 1948 年には主に傷痍軍人への職業リハビリテーション等を狙いとした身体障害者福祉法が成立した。1946 年の生活保護法とこの 2 つの法律を合わせて「福祉三法」といわれ、これらは敗戦で疲弊した国民の生活再建に貢献した。

　1951 年には社会福祉事業法が成立し、行政が責任を持って社会福祉を提供する「措置制度」が確立し、戦後の社会福祉の「基礎構造」ができた。具体的には、福祉事務所や社会福祉法人制度が創設された。特に、社会福祉法人制度により、厳しい行政ルールを遵守する社会福祉法人の資格を持つ民間福祉施設への公的資金の提供が可能となった。この背景には、憲法第 89 条で「公の支配に属しない慈善」への公的資金が禁止され、戦後の財源不足のために民間福祉施設が疲弊していたことがある。こうして民間福祉施設に行政の社会福祉の提供を任せるにしても、行政が財政及び運営に責任を持ち、人権保障として社会福祉を提供する仕組みができたのである。

　1960 年には精神薄弱者福祉法（1998 年知的障害者福祉法）、1963 年老人福祉法、1964 年には母子福祉法（1981 年母子寡婦福

祉法、2014年母子父子寡婦福祉法）が成立し、先の福祉三法と
合わせて、「福祉六法体制」が確立した。

　1950-60年代の長期的な経済成長にもかかわらず、社会福祉の
整備が遅れているとして、1973年には医療や年金を中心に給付の
拡充が行われ、「福祉元年」と宣言された。先にみた、ナショナ
ル・ミニマムからシビル・ミニマムへの発展もこのころに見られ
た。しかし、1980年代になると、世界的な「大きな政府」批判の
流れの中で、「第二次臨時行政調査会」が設置され、社会福祉の
合理化が検討されるようになった。それまでの社会福祉の拡充策
は「ばらまき福祉」と批判されることになり、「福祉見直し」や
家族による自助努力を強調する「日本型福祉社会」が提唱され、
コスト削減のために、行政の業務を民間企業に任せる「民間活
力」や公的施設を民間事業者（社会福祉法人等）に運営させる
「民営化」の導入が推し進められた。

　他方、1989年に福祉関係八法改正が行われ、住民に身近な市町
村で社会福祉の行政決定ができるように社会福祉の権限移譲が推
し進められた。その中で、老人福祉計画の策定が市町村に求めら
れ、ニーズ調査が行われると、国が想定する以上の高齢者介護サ
ービスの要求があることが判明した。その結果、国は高齢者介護
の拡充が求められた。

　1990年代になると「バブル崩壊」とそれに続く長期的な経済不
況となったが、第4章でみたように、高齢者介護等の社会福祉に
対する国民の要求が高まり、社会福祉サービスの新たな提供シス
テムが模索された。他方で、財政赤字の解消への圧力も強まって
1997年の財政構造改革法によって社会保障支出を抑制する社会

保障構造改革が提起され、その一環として社会福祉基礎構造改革
が推し進められた。

　この中で、戦後の社会福祉の「基礎構造」であった、行政が社
会福祉の提供の責任を持つ仕組みである「措置制度」から、原則
として社会福祉は利用者と福祉事業者との契約に基づいて利用す
ることとし、その利用に際して利用者の支払う経費に対して助成
する「利用契約制度」への転換が主張された。その先鞭をつけた
のが、第4章でみた1997年の介護保険法（2000年実施）である。
その後、介護保険をモデルに、障害者福祉、児童福祉等の領域も
利用契約制度への転換を図るために、1998年に社会福祉事業法
により厚生省に設置された中央社会福祉審議会の社会福祉構造改
革分科会において社会福祉基礎構造改革の提案が行われた。こう
して、措置制度を創設した1951年の社会福祉事業法を廃止し、
利用契約制度を基本とした2000年の社会福祉法の制定につなが
るのである。

5.2.3　2000年の社会福祉基礎構造改革以降

　2000年の社会福祉法は、社会福祉の措置制度を、利用契約制
度へと転換した。措置制度は、まず行政窓口に相談及び利用申請
し、行政はその業務（福祉サービス等）を（公・民の）事業者に
委託し、事業者が利用者に福祉サービスを提供するという行政責
任で福祉サービスが提供（現物給付）される仕組みである（図表
5-1）。一方、利用契約制度では、利用者は、事業者に利用申請を
して、利用契約を結び、福祉サービスを提供してもらう。利用者
はそのかかった経費の一部を利用者負担として事業者に支払い、

図表 5-1　措置制度の利用の流れ

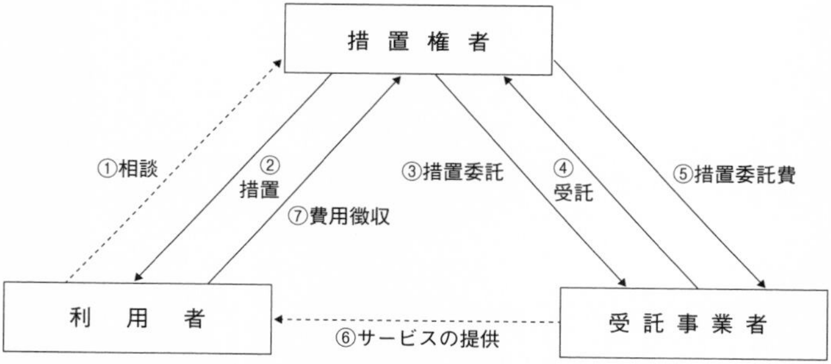

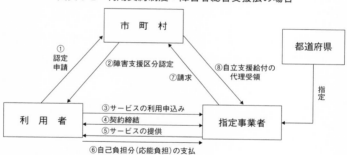

出典：古川孝順（2003）225 頁。

図表 5-2　利用契約制度：障害者総合支援法の場合

出所：古川孝順（2003）229 頁を修正して作成。

その残額は行政から事業者に支払われる（現金給付の）仕組みと
なっている（図表 5-2）。

　利用契約制度で注意すべきことは、行政から事業者に支払われ
る資金は本質的に利用者への現金給付だということである。本来
は利用者が福祉サービスを事業者から購入するために全額を支払

い、その後、行政から利用者に対して利用料を助成する。しかし、多額の金額を利用者が立て替えたり、行政から事業者へ支払う資金の仲介を利用者がすることの負担が大きいことから、「代理受領」という形で行政から事業者に対して資金が直接支払われる。このことからも、福祉サービスは利用者が購入して入手するという、いわば市場での購入に近い形態になったのである。

　なぜこのような改革が必要とされたのか。措置制度を改革すべき理由として以下のような点が指摘された（第4章第1節も参照）。すなわち、①行政直営と社会福祉法人による社会福祉サービスの提供に限定されているために、質の向上のためのインセンティブがない。②行政が社会福祉の利用決定をするため利用者の選択の自由がない。③応能負担原則のため中・高所得層にとっては利用者負担（利用料）が高い、などである。一方、利用契約制度のメリットとしては、次のような点が指摘された。①営利法人も含めて、様々な事業者が参入可能となる。②利用者と事業者の契約により、利用者が福祉サービスを選択できる。③応益負担となり、中・高所得層は利用者負担が軽減される[16]。

　このような措置制度から利用契約制度への改革によって、社会福祉の行政責任は社会福祉そのものを提供することから、利用者が主に民間事業者から購入した経費について助成金を出すことへと大きく転換することになった。高齢者福祉については第4章で詳しく見たので、障害者福祉と児童福祉について、以下詳しくこの制度改革を検討していこう。

---

16)　措置制度の問題点と利用契約制度との論点については、成瀬龍夫（1997）、八田和子（1997）が詳しい。

　利用契約制度を障害者福祉の分野で導入したのが 2003 年から実施された障害者支援費制度である。これはその名のとおり、障害者福祉の提供そのものではなく、障害者福祉を利用した時にかかった経費を支援する制度となった。その後、将来的に介護保険と統合することを狙って、2005 年の障害者自立支援法が成立した（2006 年度実施）。

　障害者自立支援制度は、保険料を支払わないこととケアマネジメントが導入されなかったこと以外には、ほとんど介護保険と同様の利用手続きをすることになった。つまり、要介護認定にあたる「障害程度区分」を導入し、利用者負担を応能負担から応益負担（1 割の定率負担）に変更した。しかし、この応益負担はサービスを多く利用する重度障害者ほど高い利用者負担を支払わなければならず、障害を持ったことに対する罰金のような扱いだと批判され、国に対して裁判も提起された。2009 年にその裁判の和解のための基本合意が国と訴訟団との間で締結され、障害者自立支援法を廃止し、新たな制度をつくることが約束された[17]。その後 2010 年の障害者自立支援法改正により、利用者負担が応能負担に戻された。2012 年には難病者も障害者福祉の対象にすること等の改革をする現行の障害者総合支援法が成立した（2013 年度施行）。なお、障害者総合支援法の詳細については 5.4 節で解説する。

　障害者自立支援法（および後継の総合支援法）は利用契約制度となり、障害者福祉の提供に対する行政責任は後退したが、その

---

17)　障害者自立支援法違憲訴訟弁護団編（2011）132-135 頁。

自立支援給付は、2007年度の4,473億円から2023年度の1兆4,572億円へと、16年間で3倍以上に増加し、障害者福祉サービスの拡充に貢献した[18]。

　児童福祉の領域に利用契約制度が導入されたのは、2006年の認定こども園法が先駆けである[19]。認定こども園は幼稚園の教育機能と保育園の保育機能の統合、つまり「幼保一元化」を目指して導入された利用契約制度による施設である。ただ、認定こども園は制度の複雑さやその現実的なメリットが見いだせず、普及しなかった。しかし、2012年の「税と社会保障の一体改革」で消費税増税の一部（0.7兆円分）を子育て支援に活用するとして、子ども・子育て支援法が成立した（2015年度施行）。この法律による大きな変更点として主に以下の4点が指摘できる。

　第1に、認定こども園、幼稚園、保育所に共通の「施設型給付」、また、保育士以外の研修修了者にも保育を認めることが大きな特徴である「小規模保育」、「家庭的保育」等への給付のための「地域型保育給付」が創設された。なお、施設型給付の国・地方の負担割合は私立では国1/2、都道府県1/4、市町村1/4、公立では市町村が10/10を負担する。

　第2に、施設型給付費等の支給を受ける子どもの認定区分として、次の3つが設定された。1号認定は満3歳以上で教育標準時間認定（保育の必要がない）であり、認定こども園、幼稚園が利用できる。2号認定は満3歳以上で保育認定（標準時間・短時間）では、認定こども園、保育所が利用できる。3号認定は満3

---

18)　厚生労働省（2023）を参照。

19)　以下、櫻井慶一（2014）を参照。

歳未満で保育認定（標準時間・短時間）では、認定こども園、保育所、地域型保育が利用できる。2号、3号認定は保育の必要があるとされた場合の認定である。

　第3に、認定こども園・公立保育所・地域型保育を利用する場合は、保護者と事業者の契約とした。ただし、私立保育所を利用する場合は、保護者と市町村の契約が維持された。私立保育所については、保育の実施にあたって行政責任を確保するために重要だとされたため、これまでと同様の利用手続きとなったのである。

　第4に、内閣府に「子ども・子育て本部」が設置され、本部長を内閣府特命担当大臣として、子ども・子育て支援法に基づく給付事務や認定こども園に関することを所管することとなった。ただし、子ども・子育て本部の所管は、2023年4月に設置された「こども家庭庁」に移管された。こども家庭庁は、子どもを中心とした政策を標榜し、保育や児童虐待対策、いじめ対策、子どもの貧困対策、少子化対策等を統合化した官庁である。

　以上のように、2015年度から実施された子ども・子育て支援制度は、これまでの保育制度を大きく転換するものになった。さらに2023年度には、こども家庭庁が設置され、子ども：子育て支援についての施策が強化されることになっている。これらの評価は実施を踏まえて、今後検討される必要があるだろう。なお、子ども・子育て支援にかかわる児童福祉の詳細は、5.4節で解説する。

5.2.4　地域福祉と地域包括ケア、地域共生社会

　2000年の介護保険法の実施と社会福祉法の改正で利用契約制度が導入されたのと同時に、もう一つ大きな変化があった。それ

は「地域福祉の推進」である[20]。2000年の法改正で社会福祉法
の目的として「地域における社会福祉（以下「地域福祉」とい
う。）の推進を図る」ことが明記された。同法第4条では「地域
住民、社会福祉を目的とする事業を経営する者及び社会福祉に関
する活動を行う者は、……略……地域福祉の推進に努めなければ
ならない」という努力義務が規定された。さらに第10章で地域
福祉の推進として、地域福祉計画や社会福祉協議会等が明記され
た。こうして初めて「地域福祉」が法律に規定され、推進される
ことになったのである。とりわけ、初めて「地域住民」に地域福
祉の推進の努力義務を課したことはその後の社会福祉の展開にお
いて大きな影響を持つことになった。

　2003年の厚生労働省の高齢者介護研究会報告『2015年の高齢
者介護——高齢者の尊厳を支えるケアの確立に向けて』で、介護
保険サービスだけでなく、保健・福祉・医療の専門職による支援、
ボランティア等の地域住民の活動を含めた地域の様々な資源を統
合した「地域包括ケア」を提供することが提唱された。これを受
けて2005年の介護保険法改正で「地域包括支援センター」が設
置されることになった。2014年の介護保険法改正では「介護予
防・日常生活支援総合事業」と「生活支援体制整備事業」が創設
された。前者の総合事業は、住民のボランティアで「低廉な価
格」の訪問介護や通所介護サービスもできるようにした。後者の
生活支援体制整備事業では、「生活支援コーディネーター（地域
支え合い推進員）」と「協議体」が設置され、地域住民等の担い

---

20)　本項の経緯、詳細は永田（2021）第3章、醍醐（2022）第5章等を参照。

手やサービスの開発等を行い、高齢者の社会参加および生活支援の充実を推進する。こうして高齢者福祉の分野で地域住民の活動を促進していき、地域包括ケアの住民活動が推進されている。

　また、2016年6月2日の閣議決定「ニッポン一億総活躍」での3本の矢の一つである「『介護離職ゼロ』に向けた取組の方向」の中で、「地域共生社会の実現」が位置付けられた。それは次のように説明されている。「子供・高齢者・障害者など全ての人々が地域、暮らし、生きがいを共に創り、高め合うことができる『地域共生社会』を実現する。このため、支え手側と受け手側に分かれるのではなく、地域のあらゆる住民が役割を持ち、支え合いながら、自分らしく活躍できる地域コミュニティを育成し、福祉などの地域の公的サービスと協働して助け合いながら暮らすことのできる仕組みを構築する。」(p. 16) これを実質化するために、2016年7月に厚生労働省に「『我が事・丸ごと』地域共生社会実現本部」が設置された。また、同年10月に厚生労働省に「地域力強化検討会」が設置され、地域における住民主体の活動の展開の仕方について議論された。さらに、2017年2月には上の実現本部により「『地域共生社会』の実現に向けて——当面の改革工程」が発表され、「厚生労働省においては、『地域共生社会』の実現を基本コンセプトとして、今後の改革をすすめていく」とされた (p. 2)。

　2017年5月には社会福祉法が改正され、次の3つの改革が行われた。第1に、第4条第3項で、地域福祉の推進の理念として、地域住民等は、住民・世帯が抱える地域生活課題を把握し、関係機関との連携等により解決を図ることが明記された。第2に、こ

の理念を実現するために、市町村は、地域住民の地域福祉活動への参加を促すための環境整備や住民に身近な地域で総合的な相談ができるようにすること等を含めた「包括的な支援体制づくり」に努めることとする規定を設けた。第3に、市町村や都道府県の地域福祉計画をその地域の高齢者、障害者、児童等の福祉計画の上位計画として位置付けた[21]。

　2019年5月に「地域共生社会推進検討会」が設置され、その報告を受けて、2020年に社会福祉法が改正された。大きな改正点としては、第1に、地域福祉の推進の理念に第1項として「地域福祉の推進は、地域住民が相互に人格と個性を尊重し合いながら、参加し、共生する地域社会の実現を目指して行われなければならない。」と規定された。第2に、包括的な支援体制の整備の一環として、第106条の4で重層的支援体制整備事業が新設された。これは、市町村の既存の相談支援等の取組を活かしつつ、地域住民の複雑化・複合化した支援ニーズに対応する包括的な支援体制を構築するため、相談者の属性、世代、相談内容にかかわらず、包括的に相談を受け止める「相談支援」、社会とのつながりを回復するための「参加支援」、住民同士のケア・支え合う関係性を作っていく「地域づくりに向けた支援」を一体的に実施する事業である。また、この3つの事業を支えるものとして、「アウトリーチ等を通じた継続的支援」、「多機関協働」、「支援プランの作成」も規定された[22]。いまこの重層的支援体制整備事業を各市町村でどのように展開するかが模索されているところである。

21）　厚生労働省（2020）6頁を参照。

22）　厚生労働省（2020）25頁を参照。

　以上のように、2000 年の社会福祉法の改正で地域福祉の推進が規定されたが、その後、医療・介護分野の地域包括ケア、また介護離職ゼロで提案された地域共生社会が相まって、医療、介護、福祉の社会保障の領域で、地域住民の活動が期待され、また、そのための法整備が進められてきた。しかし、労働者の賃金抑制の中で共働き家庭が主流になり、これまで地域活動を主に担ってきた「専業主婦」が大きく減少している。また、年金額の抑制のため、高齢者の再雇用制度など高齢者の雇用継続が進められ、高齢者も定年退職後に地域活動をすることも難しくなってきている。そもそも少子化や人口減少の中で、過疎地域を中心に地域そのものを維持することさえ困難になってきているところも増えている。

　もちろん、地域住民の活動そのものは否定されるものではない。年金、医療、介護、その他の社会福祉などの社会保障制度にも限界があり、それを補完する、またはそれを改革していくのに、地域住民の活動は不可欠であると考える。しかし、近年の社会保障改革は、社会保障制度を切り下げながら、その補完を地域住民に任せようという意図が明確である。地域住民の活動は、年金や医療、介護、生活保護、専門的な福祉サービスを代替することはできない。その意味で、国、自治体の役割と地域住民の役割を各地域、さらには国で検討、整理しながら両者のアップデートをどのように進めていくのかを考えていく必要があるだろう。

5.3 生活保護制度

5.3.1 補足性原理と受給者の義務

　生活保護制度の目的は、「日本国憲法第 25 条に規定する理念に基き、国が生活に困窮するすべての国民に対し、その困窮の程度に応じ、必要な保護を行い、その最低限度の生活を保障するとともに、その自立を助長すること」（生活保護法第 1 条）であるが、生活保護の適用については、「保護は、生活に困窮する者が、その利用し得る資産、能力その他あらゆるものを、その最低限度の生活の維持のために活用することを要件として行われる」という補足性原理がある（第 4 条）[23]。

　本書の第 1 章でみたように、「自主的責任」（稼得収入からの保険料納付）に基づく年金や医療や介護の社会保険を主軸とする日本の社会保障システムにおいて、セーフティネットの役割を担う生活保護制度は、自立と自助による生活基盤の確保・維持に戻るための仕組みという方向性を内蔵している。

5.3.2 受給者と給付費の増加

　このような制度運営の下で、生活保護制度は 8 種類の扶助を提供している。

　第 1 に、扶助別人員（図表 5-3）をみると、1990-2019 年の期

---

[23]　生活保護法第 4 条の補足性の原理においては、資産や能力活用は「要件」であり満たさなければならないが、扶養義務や他法他施策は「優先」であり、必ずしも実施されなくても生活保護は利用可能である。

図表 5-3 　扶助別人員

(人)

	1990	2000	2010	2019
被保護実人員	1,014,842	1,072,241	1,952,063	2,073,117
扶助人員総数	2,469,882	2,797,477	5,395,474	5,861,404
生活扶助	889,607	943,025	1,767,315	1,820,440
住宅扶助	730,134	824,129	1,634,773	1,769,819
教育扶助	135,793	96,944	155,450	108,128
介護扶助	・	66,832	228,235	394,154
医療扶助	711,268	864,231	1,553,662	1,742,838
出産扶助	73	95	186	137
生業扶助	1,899	713	52,855	42,072
葬祭扶助	1,108	1,508	2,999	3,816

出所：厚生労働統計協会（2021）第 13 表及び第 14 表（278-279 頁）より作成。

図表 5-4 　扶助費 (扶助別)

(億円)

	1990	2000	2010	2019
総額	13,181	19,393	33,296	35,882
生活扶助費	4,400	6,410	11,552	10,712
住宅扶助費	1,026	2,007	4,996	5,942
介護扶助費		143	659	916
医療扶助費	7,379	10,711	15,701	18,013
その他	376	122	388	299

出所：厚生労働統計協会（2021）図 8（206 頁）より作成。

図表 5-5 　世帯類型別被保護世帯数

	被 保 護 世 帯 数 (万)				
	総数	高齢者世帯	母子世帯	障害者世帯・傷病者世帯	その他の世帯
1990	62.2	23.2	7.3	26.7	5.1
2000	75.0	34.1	6.3	29.1	5.5
2010	140.5	60.4	10.9	46.6	22.7
2019	163.5	89.7	8.1	40.7	25.0

出所：『令和 3 年版厚生労働白書』資料編より作成。

間に扶助人員総数が247万人から586万人へと2.4倍にも増加した。人員数の大きいのは、生活扶助（2019年に182万人）、住宅扶助（同177万人）、医療扶助（同174万人）であった。ただし、一人で複数の扶助を受給する受給者がいるので、実際の被保護実員数でみると101万人から207万人へと2.0倍の増加である。

　第2に扶助費（図表5-4）をみると、総額は1990年の1兆3,181億円から2019年の3兆3,588億円へと2.7倍の増加であり、生活扶助は4,400億円から1兆0,712億円に2.4倍、住宅扶助が1,026億円から5,942億円に5.8倍、医療扶助は7,379億円から1兆8,013億円へと2.4倍の増加であった。

　第3に、世帯類型別の被保護世帯数（図表5-5）をみると、高齢者世帯が圧倒的に多く、人口高齢化と長期的な経済停滞という状況の中で進行する高齢者の貧困問題[24]が典型的に現れている。しかし、少し視点を変えると、経済状況の悪化によって高齢者層に強く現れる社会的なストレスにセーフティネットとしての生活保護制度が機能を発揮できたといえる。特に、医療扶助の急増は、財政面からは何らかの抑制策が要請されるかもしれないが、大きな視野でみれば、21世紀に不可逆的に進行する構造変化のプロセスにおいて、大きな弱者集団である高齢貧困者層の最大の弱点である身体的衰退について医療扶助が対応できていることの証明でもあろう。さらにいえば、今後の一層の要請と膨張に備えるために必要な準備として、生活保護の運営面での厳格化があるという視点も必要かもしれない。

24）　厚生労働省（2015）353頁。

　第 4 に、世帯類型別でもう一つ目立つのは、「その他の世帯」の急増であるが、それも、1990 年代からの経済停滞の中で非正規雇用の増加等の就業状況の悪化を反映していると思われる。厚生労働省（2015）は、「非正規雇用の労働者や年収 200 万円以下の給与所得者など、生活に困窮するリスクの高い層が増加しており、生活保護受給に至る前の段階にある生活困窮者の就労・自立の促進を図ることが大きな課題となっている」と述べている[25]。

　「その他の世帯」の場合は、高齢者世帯に比べて、生活保護制度の基本的な役割（自立的な生活基盤の確保・維持に至るための仕組み）に整合的な形で、「能力に応じて働き、生活の向上」に努めることが可能な受給者であるので、自立を支援する仕組みが要請される。同様に、母子世帯や障害者世帯や傷病者世帯についても、多少の時間はかかるにしても、同様に、自立的な生活基盤の確保・維持に向かうための多様な支援（介助や保育等）が要請され、そのような条件が整えば、自立支援プログラムにも参加ができる。

　次項では 21 世紀の日本における新たな段階の公的扶助システムの試みという視点から、自立支援プログラムについて検討しよう。

5.3.3　自立支援プログラム

　5.1 節でみたような近年の社会的包摂の理念の広がりによって就労支援に焦点が当てられるようになり、その重要な施策として

---

25)　厚生労働省（2015）353 頁。

自立支援プログラムがある。例えば八王子市では、生活保護受給者に対して、以下の自立支援プログラムを実施している[26]。

第1に、就労支援事業では就労支援員を配置して、ハローワーク等の関係機関と連携し、「就職に関して支援が必要な被保護者などに対し、就労意欲の維持、向上への支援」を行っている。

第2に、居宅生活安定化自立支援事業では生活支援員を配置して、「精神的な問題で日常生活能力が十分発揮できず、安定した社会生活が営めない被保護者」に、社会的生活自立のための専門的な支援を行っている。

第3に、地域生活移行支援事業では地域生活移行支援員を配置して、「精神障害により入院している被保護者で、受け入れ条件が整えば退院可能な被保護者」に、退院に向けた支援を行っている。

第4の路上生活者等自立支援事業でも必要な就労支援・生活支援などを実施し、第5の高齢者支援事業では高齢者支援員を配置して、「高齢者、要介護状態にある被保護者の生活、社会的自立の支援」を実施している。

さらに、第6の「子どもの健全育成事業」では、「子どもの学習支援をはじめ、日常的な生活習慣、仲間と出会い活動できる居場所づくり、進学に関する支援、高校進学者の中退防止に関する支援等」、子どもと保護者の双方に必要な支援を行っている。

本書の第1章でみたように、日本国憲法の第25条における「健康で文化的な最低限度の生活を営む権利を有する」という規

26）八王子市ホームページ（http://www.city.hachioji.tokyo.jp/tantoumadoguchi/012/007/p014175.html）。

Column10

大阪あいりん地区からのインプリケーション

　白波瀬達也（2017）『貧困と地域：あいりん地区から見る高齢化と孤立化』には面白い論点がたくさん提示されているが、ここでは 21 世紀の日本経済における構造変化がもたらす福祉国家機能の強化の要請と、その強化には民間の多様なセーフティネットの構築がカギとなることを取り上げよう。
　第 1 の経済構造の変化と福祉国家機能の強化の論点について、同書は以下のように述べている。

> 　バブル崩壊以降、建設業の事業規模の縮小、建設工法の高度化（低技能の労働者を機械が代替：引用者）、求人方法の多様化などを背景に……多くの日雇い労働者は、簡易宿泊所に泊まることが困難になり、野宿生活を余儀なくされた。（同書 67 頁）

　そして、日本の社会保障システムでは皆年金・皆保険さらには失業保険や労働災害補償保険によって様々なリスクがカバーされるが、野宿者の多くは、断続的な雇用や頻繁な職業移動の故にこれらのセーフティネットから排除されがちだと指摘したのち、同書は以下のように述べる。

> 　日本の野宿者は中高年の単身男性に集中してみられる。これは彼らが労働市場から雇用するに値しないと見切られると同時に、福祉行政から「稼働能力がある」ということで各種の社会福祉サービスへのアクセスを絶たれてきたことを意味する。（同書 68-69 頁）

　すなわち、1990 年代からの長期的な経済停滞の中で労働市場

の限界的で不安定な位置に置かれた低技能労働者層が高齢化する時に、国際競争の激化によるコスト削減と日本の社会保障システムの効率化が求められ、そのストレスが先鋭的に現れたのが、大阪あいりん地区の野宿者問題といえよう。

第2に、あいりん地区における民間のセーフティネットの多様性をみるために、同書は「あいりん対策」とキリスト教団体と社会運動と生活保護の4つに分類して、以下のように述べている。

第1のあいりん対策は、国の法整備と大阪府の労働施策と大阪市の医療・福祉的援助やホームレス対策（一時的宿泊、越年対策等）である。第2の複数のキリスト教団体による伝道集会は、「あいりん地区において無料の食事を摂る機会を飛躍的に増やし」、「野宿者の命を守るものとして機能した」。第3の社会運動では労働運動団体やNPOなどが乱立したので、「類似の支援が過剰に供給」されることもあり、「複数の担い手による支援が多層化している状況は」、「野宿者や生活保護受給者に大きな安心をもたらしている」。第4の生活保護については、2000年頃からの受給者の急増の中で、「西成区では生活保護受給世帯に占める高齢世帯の割合が約60％と高い」ので、社会福祉や医療サービスや住宅確保の面でも従来よりは進んだ。（同書79-90頁）

すなわち、行政による生活保護等の政策の積極化に加えて、民間の多様な主体による多様な支援活動が定着していたことで、「生活上のリスクに対応する社会資源が豊富なあいりん地区は暮らしやすい地域」となったというのである。

21世紀に不可逆的に進行するグローバル化による国際競争の激化と人口高齢化という状況（本書第1章参照）に対応するためには、地域レベルにおける多様な福祉が多層的にシステムとして構築されるべきであり、そうするしかないという方向性が先鋭的

に示されるといえよう。

（渋谷博史）

定は、すべての国民が積極的に自立的に生きる権利をだれも邪魔してはならない、あるいはそれを困難にする条件がある場合に国が支援するという意味がある。セーフティネットの生活保護において自立支援プログラムが実施されることは、日本国憲法第25条と整合的であるといえよう。

5.4　障害者福祉と児童福祉：八王子市の施策の体系[27]

　ここでは、八王子市における障害者福祉と児童福祉の体系について踏み込んで考察しよう。同市は、東京都の郊外に位置しており、都心に通勤するサラリーマンも多く住むために、住民税や固定資産税の税収によって財政的にも恵まれ、さらに地域社会の人的資源も豊富という好条件の下で、積極的な施策を展開している。

5.4.1　障害者福祉

　障害者基本法の第1条に掲げられる、「全ての国民が、障害の有無にかかわらず、等しく基本的人権を享有するかけがえのない個人として尊重されるものであるとの理念にのつとり、全ての国民が、障害の有無によつて分け隔てられることなく、相互に人格と個性を尊重し合いながら共生する社会を実現する」という高い理

---

27)　本節における八王子市の検討は主として次の資料に依拠している。八王子市（2020a）、八王子市（2020b）。

念に導かれる政策の実施については、第 10 条で、「障害者の自立
及び社会参加の支援等のための施策は、障害者の性別、年齢、障
害の状態及び生活の実態に応じて、かつ、有機的連携の下に総合
的に、策定され、及び実施されなければならない」と規定される。

　実際に地域の現場で実践する地方公共団体の事例として取り上
げる八王子市（人口は約 56 万人）では、2019 年 4 月時点で障害
者手帳の所持者数は、身体障害者手帳が 15,584 人（1 級 5,623 人、
2 級 2,372 人、3 級 2,317 人、4 級 3,654 人、5 級 822 人、6 級 970
人）であり、愛の手帳（知的障害者）が 4,489 人（1 度 177 人、
2 度 1,045 人、3 度 1,015 人、4 度 2,252 人）であり、精神障害者
保健福祉手帳が 5,633 人（1 級 465 人、2 級 3,181 人、3 級 1,987 人）
であった[28]。

　2019 年度（決算ベース）の八王子市の障害者福祉費は 179.7 億
円であり、その中で主たる項目は障害者自立支援費（145.6 億円）
であった。それ以外では日常生活支援、手当支給、相談・情報提
供、医療費助成、住宅確保・整備、福祉施設管理運営、障害児支
援、社会参加促進、障害者団体支援補助金、福祉避難所整備、身
体障害者手帳の交付等の項目があり、多様な施策が実施されてい
る。

　主要項目の障害者自立支援費（145.6 億円）の財源は[29]、国庫
支出金が 67.6 億円（46%）、都支出金が 38.1 億円（26%）、一般
財源（八王子市の自己財源）が 40.0 億円（27%）であり、上級政

---

28)　八王子市（2020a）13-14 頁、なお身体障害には、視覚障害と聴覚・言語障
　　害と肢体不自由と内部障害がある。

29)　障害者自立支援費の財源及び内容については、八王子市（2020a）199 頁。

府である国や東京都からの補助金を受けて、地域の現場に一番近い八王子市が、障害者福祉の様々な事業を展開しているといえよう。さらにその障害者自立支援費の内訳をみると、主として障害者自立支援介護・訓練等給付（132.1 億円）に使われており、具体的には、重度訪問介護や生活介護や身体知的障害者共同生活援助や精神障害者共同生活援助である（図表 5-6 を参照）。

　なお、障害者福祉費の中で 2 番目に大きな項目は手当支給（13.2 億円、心身障害者福祉手当や特別障害者手当）であり、その財源は国庫支出金が 2.1 億円（17％）、都支出金が 9.6 億円（72％）、一般財源（八王子市の自己財源）が 1.6 億円（12％）である。上記の障害者自立支援費と同様に上級政府からの補助金を受けて、地域現場に近い八王子市が様々な事業を展開しているといえるが、他方では、国庫支出金に代わって東京都の財政支援が大きいので、この項目は全国一律ベースではなく、財政的に豊かな東京都における先進的な施策といえよう[30]。

5.4.2　児童福祉

　第二次大戦直後の混乱と経済的な困窮の中で 1947 年に制定された児童福祉法では、第 1 条で児童の健全な育成を国民の義務とした上で、その第 2 条では、「国及び地方公共団体は、児童の保護者とともに、児童を心身ともに健やかに育成する責任を負う」ことが規定される。それから 65 年を経た 2012 年に成立した子ども・子育て支援法では、「我が国における急速な少子化の進行並

---

30)　八王子市（2020a）202 頁。

図表 5-6　障害者総合支援法による介護給付と訓練等給付

居宅介護	居宅において、入浴、排泄、食事等の介護、調理、洗濯、掃除等の家事及び生活等に関する相談、助言その他の生活全般にわたる支援。
重度訪問介護	重度の肢体不自由者又は重度の知的障害者もしくは精神障害により行動上著しい困難を有する障害者であって、常時介護を要する方に居宅において入浴、排泄、食事等の介護、調理、洗濯、掃除等の家事及び生活等に関する相談、助言その他の生活全般にわたる支援。
重度障害者等包括支援	介護の必要性が非常に高い方に居宅介護等複数のサービスを包括的に提供。
自立訓練（機能訓練）	自立した日常生活又は社会生活ができるよう、一定期間、身体機能・生活能力の維持・向上等のために必要な訓練等。
自立訓練（生活訓練）	自立した日常生活又は社会生活ができるよう、一定期間、生活能力の維持・向上等のために必要な訓練等。
就労移行支援	一般企業等への就労を希望する方に、一定期間、就労に必要な知識及び能力の向上のために必要な訓練等。
就労継続支援（A 型、B 型）	一般企業等での就労が困難な方に、働く場を提供するとともに、知識及び能力の向上のために必要な訓練等。
生活介護	常時介護を必要とする方に、昼間において入浴、排泄、食事等の介護を行うとともに、創作的活動又は生産活動の機会を提供。
短期入所（ショートステイ）	居宅において介護を行う方が疾病その他の理由により介護が困難になった場合、短期間、夜間も含め施設で、入浴、排泄、食事等の支援。
宿泊型自立訓練	居室その他の設備を利用させるとともに家事等の日常生活能力を向上するための支援、生活等に関する相談・助言等の必要な支援。
共同生活援助（グループホーム）	社会福祉法人、特定非営利活動法人等が借り上げたアパート等で共同生活をする場を提供し、主として夜間において、入浴、排泄、食事等の介護その他の日常生活上の援助。
療養介護	医学的管理の下における介護を常時必要とする方に、病院において機能訓練、療養上の管理、看護、介護等の日常生活の世話。
施設入所支援	障害者支援施設に入所する方に入浴、排泄、食事等の介護その他の日常生活上の援助。
同行援護	視覚障害により、移動に著しい困難を有する障害者に行う外出時の同行支援。
行動援護	知的障害又は精神障害により行動上著しい困難を有する障害者等に行う外出時の支援。

出所：八王子市（2020a）第 5 章第 3 節，厚生労働統計協会（2020）122-123 頁より作成。

Column11

障害者自立支援法と障害者総合支援法の文脈

　内閣府（2015）『平成 27 年版　障害者白書』（第 6 章第 1 節）によれば、障害者自立支援法（2005 年施行）及び障害者総合支援法（2013 年施行）の特徴は以下のとおりである。

　第 1 に身体障害と知的障害と精神障害という障害種別によらない「一元的なサービス提供」と、「市町村による一元的な実施」である。第 2 に、「地域生活への移行支援の対象」を拡大して、障害者支援施設の入所者や精神科病院の入院者に加えて保護施設及び矯正施設等の入所者も支援の対象とし、また、重度肢体不自由者に加えて「行動障害を有する知的障害者または精神障害者」も重度訪問介護の対象とした。第 3 に、地域のサービス拠点を増やすために、通所施設の民間の運営主体として従来の社会福祉法人に加えて、NPO 法人や医療法人等にも認めるという規制緩和を実施した。第 4 に、「国の費用負担の義務付けと併せて、利用者負担については、所得階層ごとに設定された負担上限月額の範囲内で負担することとした」。第 5 に、都道府県及び市町村に障害福祉計画の作成を求め、「福祉施設の入所者の地域生活への移

びに家庭及び地域を取り巻く環境の変化」の故に、一方で少子化への対策として子育て支援を課題としつつ、他方では母親の就労に伴う困難を緩和して経済成長策にもつなげようという 21 世紀的な色合いも帯びている。

　2012 年の子ども・子育て支援法の第 2 条では、父母等の保護者の第一義的責任を基本としながら、家庭と学校と地域と職域等の

行」や「入院中の精神障害者の地域生活への移行」や「地域生活支援拠点等の整備」や「福祉施設から一般就労への移行等」の項目について目標値を設定して、毎年の成果評価を求めた。

　以上の特徴から、障害者福祉の分野でも、施設や病院から地域生活や一般就労の方向へ誘導する方向性が提示され、そのための計画や目標値や成果評価という運用システム*が盛り込まれ、財政面では所得階層別の応能的な利用者負担が盛り込まれている。

　運用システムの具体的な制度設計について利用者等の関係者から不満が表明される面もあるが、その反面、本章の最後でも述べるように、21世紀における条件悪化の中で良質のセーフティネットを維持するためには、納税者・有権者・国民全般に対する説明責任を果たす仕組みも必要と思われる。しっかりとしたチェックの仕組みが確保されることで、良質なセーフティネットの拡充も可能になるといえよう。

（渋谷博史）

＊アメリカの社会福祉における成果評価という運用システムについての研究として、木下武徳（2007）が参考になる。

構成員が相互に協力することが求められ、さらに、「地域の実情に応じて、総合的かつ効率的に提供されるよう配慮して行われなければならない」として、基礎自治体である市町村が実施主体と規定された。

　ここでは具体的な事例として八王子市（図表5-7）における財政構造を取り上げよう。2019年度の児童福祉費の総額405.5億円

の中で、最大は児童保護費（330.0 億円）であり、2 番目は児童
福祉施設費（40.4 億円）である[31]。

　ただし、それらの項目の中で小項目を分野別に分類しなおすと、
保育サービス分野には児童保護費の中の「民間保育所運営委託料
等」（187.4 億円）と、児童福祉施設費の中の市立保育所管理運営
（14.1 億円）があり、それらの合計 201.5 億円は児童福祉費の総
額 405.5 億円の 50％になる。なお、財源をみると、主力の「民間
保育所運営委託料等」（187.4 億円）では、国庫支出（54.1 億円）
及び東京都支出金（49.9 億円）という国および東京都からの財政
支援があり、さらに一般財源（八王子市の自己財源）が 70.1 億円
もあるので、利用者側の保育料負担 13.3 億円に比べて公的負担
が 13 倍もある。すなわち、保育サービス分野では、利用者負担
をかなり上回る公的負担があり、さらにその公的負担の半分以上
が国および東京都からの支援である。学童保育所についても同様
の構造がみられ、市立保育所については公的負担のほとんどが一
般財源であるが、利用者負担よりも公的負担が数倍大きいことは
同じである[32]。

　保育サービス分野に次ぐ分野は金銭給付分野であり、児童保護
費の中の「子育て家庭の負担軽減」の中の児童手当（78.8 億円）
と、「ひとり親家庭の自立支援」の中の児童扶養手当（24.8 億円）
及び児童育成手当（13.0 億円）があり、合計すると 116.6 億円と
なり、児童福祉費総計の 29％になる。後者の 2 つの給付は、父母
の離婚や死亡、あるいは 1 年以上の遺棄や、DV 等の事情がある

---

31)　児童福祉費の財源及び内容については、八王子市（2020b）220-252 頁。
32)　八王子市（2020b）243、246 頁。

図表 5-7　八王子市の児童福祉費（2019 年度）

（百万円）

合計		40,549
1	児童福祉総務費	3,436
2	児童保護費	33,004
	（民間保育所運営委託料等）	18,743
	（子育て家庭の負担軽減）	9,977
	（乳幼児医療費助成）	880
	（義務教育就学児医療費助成）	1,124
	（児童手当）	7,878
	（ひとり親家庭の自立支援）	4,107
	（児童扶養手当）	2,475
	（児童育成手当）	1,302
3	児童福祉施設費	4,042
	（市立保育所管理運営）	1,410
	（学童保育所管理運営）	2,437
4	児童青少年費	67

出所：八王子市（2020b）より作成。

児童を監護する保護者を対象とする。

　これらの主要項目のほかにも、乳幼児医療費助成及び義務教育就学時医療費助成、子ども家庭支援センター（社会福祉士、保健師、臨床心理士等による総合相談や子育て支援講座）や、産前・産後サポート事業や、児童虐待防止ネットワークや、青少年立ち直り支援事業が運営されており、多様で多面的な児童福祉システムが構築されているといえよう。

5.4.3　福祉拡充と合理化と効率化

　同様の多様な仕組みが、第 4 章で検討した高齢者福祉や、上述の障害者福祉でも構築されており、そこに、日本福祉国家のセー

Column12

戦争と児童福祉

　藤井常文（2016）『戦争孤児と戦後児童保護の歴史』は、1947年の児童福祉法の背景にあった終戦直後の混乱と困窮する児童を実証的に検討している。冒頭で山田風太郎の『戦中派不戦日記』が引用される。

　　上野駅構内の「冷たいコンクリートの上に横たわっている 3人の少年」や、「柱の陰の、息の詰まりそうな埃の中にボロを着」て、「しょんぼり座ってすすり泣いていた」女の子や、省線電車の中で「おなかがすいたよう。……何か誰かちょうだいよう……」という少年の涙声。（同書 14-16 頁）

　　これらの記述や、同書に掲載される写真（128 頁の「寄贈された本を読む園児」、130 頁の「食事中の園児」）によって、21 世紀の現在の過剰なほどの物質的な「豊かな社会」に暮らす我々が失いかけていた記憶が蘇る効果がある。

フティネットとして多様で多面的な社会福祉プログラムが、国や都道府県や市町村の財源を織り交ぜながら、現場に近い市町村レベルで、それぞれの地域特性に整合できる形で運営されているというシステムをみることができよう。さらにいえば、21 世紀の様々な資源制約が強まる中で、行政による公的扶助や社会福祉の分野のきめの細かい工夫が要請されるとともに、*Column10* でみたように、民間における多様で多層的なセーフティネットの構築も必要であり、また効果的である。国と地方公共団体の権限争い

そんな状況の中で設立された戦争孤児あるいは浮浪児の収容所のひとつが、東京お台場の東水園であった。当初は東京水上警察署が管理運営していたが、のちに「戦災者救援会深川寮」という民間団体に委嘱される。同書は栗栖良夫の探訪記事を紹介している。

「電灯がないから夜は寝るばかり。水不足のために入浴は週1回も骨である。……しんぐは、ふとん1、毛布3枚が一人当たり。食事は一日収容児一人当たり420グラムの配給を受けているが、現在600グラムを支給している。被服の配給も受けているというが、配給品らしいものを身に着けている子どもは一人もいなかった。」（同書134-135頁）

このような戦後の状況が、日本国憲法や児童福祉法が制定されて平和主義的な福祉国家として日本を再建するプロセスの出発点であった。

（渋谷博史）

の次元の地方分権ではなく、地域コミュニティ側の主体的なセーフティネットの構築を基盤とする福祉国家システムが望まれる[33]。

おそらく、様々な資源・エネルギーの制約や国際競争の激化という条件の悪化の中で国内の人口高齢化と労働力人口の減少が一層進むのであるから、21世紀の日本では、経済力に比べて過重

---

33)　アメリカの社会福祉システムの実質的な基盤として、地域のコミュニティにおける多様な民間（NPO等）の運営するプログラムのネットワークの事例研究として、根岸毅宏（2017）が大いに参考になる。

Column13

人間社会と福祉国家

　福岡伸一（2013）『やわらかな生命』は、生物は単なる機械ではないとして、以下のように述べる。

　　生命を構成するパーツには重複性がある。ひとつなくなっても他がそれを補う。パーツ構成にも可変性がある。メンバーが欠ければ、チームを編成しなおすことができる。機械のようにギリギリの構成で、一機能一部品ではない。余剰があり、融通無碍で、遊びがある。生命の特性はその自由度にこそあるのだ。（同書 13 頁）

さらに続けて、「生命の可塑性」について述べている。

　　胃を全部摘出しても人間は生きている。他の部位が消化器官を代替するのである。平衡感覚をつかさどる三半規管の機能が怪我や病気で失われても、人間はちゃんと運動することができる。他の部位が重力や加速度を補完的に感知するのである。粘土細工のように作り直すことができること。これが生命の可塑性である。（同書 15 頁。もう少し詳しい説明は福岡伸一（2007）にある。）

な負担となる福祉国家・社会保障システムの維持が要請される。民間の多様な主体と事業も不可欠となるが、やはり、軸となるのは行政であり、それ故に、公的扶助や社会福祉の制度設計や運営が、納税者に対する実効的な説明責任を果たし得るものでなければならない（*Column8* でみた制度の合理化と成果評価の導入に

　これは人間の個体の話であるが、人間社会にもアナロジーでき
そうである。戦争や経済恐慌のショック、あるいは時間をかけて
進行する不可逆的な変化によって生じる社会的な「部位の喪失」
に対応して、新たな部位を創出して人間社会を維持する。
　例えば、本書の第 1 章及び第 2 章で述べたように、資本主義的
な工業社会の到来で農業・農村社会が有していた機能が損なわれ
るときに、福祉国家システムを創出して、人間社会の存立の基盤
とした。日本社会保障システムの主軸である年金や医療や労災の
社会保険は、農業・農村の機能の喪失に伴う「新たな部位」に該
当するのであるが、*Column10* で白波瀬達也が指摘したように、
戦後の経済成長の中で便利に安価に使われ、「断続的な雇用や頻
繁な職業移動」の故にこれらの社会保険から排除された釜ヶ崎の
日雇い労働者をカバーするために、補完的な仕組みである公的扶
助という「部位」が充実されることになる。
　ところが、21 世紀のグローバル化と IT 革命によって、20 世
紀後半の経済成長下で進行した格差縮小と大衆の底上げの傾向が
逆転する時に、福祉国家システムもそれに対応すべく再編される。
釜ヶ崎で先駆的に構築されるセーフティネット・システムが、日
本の全体で進行する格差拡大と相対的貧困に対応する福祉国家再
編のヒントになるかもしれない。

（渋谷博史）

みられる改革）。その改革は、近い将来の福祉拡充と持続可能性
のために必要である。
　しかし、その反面、最重要な個々の人間や人間社会を崩壊させ
るほどに社会福祉を切り詰めることは、本末転倒になる。この悩
みを解決するヒントを得るために、次の終章で Human Security

について考えてみよう。

第 5 章参考文献

阿部 實（1990）『チャールズ・ブース研究』中央法規出版

岩田正美（2008）『社会的排除』有斐閣

ウェッブ、シドニー、ベアトリス・ウェッブ、高野岩三郎監訳（1897＝1969）『産業民主制論』法政大学出版局

大前朔郎（1983）『社会保障とナショナル・ミニマム（増補版）』ミネルヴァ書房

木下武徳（2007）『アメリカ福祉の民間化』日本経済評論社

木下武徳・三宅真里子・加藤美穂子・渋谷博史（2008）「福祉国家の政府間関係：アメリカ分権システムの視点からみた日本モデルの事例研究」『北星論集』北星学園大学社会福祉学部、45 号、53-76頁

厚生労働省（2017）『障害保健福祉関係主管課長会議資料』3 月 8 日

厚生労働省（2020）「社会福祉法の改正趣旨・改正概要」『令和 2 年度地域共生社会の実現に向けた市町村における包括的な支援体制の整備に関する全国担当者会議』（https://www.mhlw.go.jp/stf/shingi2/0000114092_00001.html）

厚生労働省（2021）『令和 3 年版　厚生労働白書』資料編

厚生労働省（2023）「障害福祉分野の最近の動向」『第 27 回障害福祉サービス等報酬改定検討チーム資料』（2023 年 3 月 28 日）（https://www.mhlw.go.jp/content/12401000/001078142.pdf）

厚生労働統計協会（2020）『国民の福祉と介護の動向　2020/2021』

厚生労働統計協会（2021）『国民の福祉と介護の動向　2021/2022』

国立社会保障・人口問題研究所（2016）『社会保障統計年報　平成 28年版』

櫻井慶一（2014）「『認定こども園』法の改正とその課題の一考察：保育所制度の今後のあり方との関連で」『生活科学研究』文教大学、36号、3-16頁

障害者自立支援法違憲訴訟弁護団編（2011）『障害者自立支援法違憲訴訟：立ち上がった当事者たち』生活書院

白波瀬達也（2017）『貧困と地域：あいりん地区から見る高齢化と孤立化』中公新書

全国保育団体連絡会・保育研究書編『2015保育白書』ちいさいなかま社

醍醐秀雄（2022）『地域福祉論の生成と展開』萌文社

田中和夫・石井洗二・倉持史朗編（2017）『社会福祉の歴史：地域と世界から読み解く』法律文化社

内閣府（2015）『平成27年版　障害者白書』

永田祐（2021）『包括的な支援体制のガバナンス』有斐閣

成瀬龍夫（1997）「社会福祉措置制度の意義と課題」『彦根論叢』滋賀大学、309号、73-90頁

根岸毅宏（2017）「アメリカの福祉における郡政府とNPOのパートナーシップ」『國學院大學経済学』第65巻第3・4合併号、1-61頁

八王子市（2020a）『八王子市障害者計画・第6期障害福祉計画　第2期障害児福祉計画』

八王子市（2020b）『令和元年度（2019年度）主要な施策の成果・事務報告書』

八田和子（1997）「措置制度をめぐる諸論点：権利性および公的責任に関する議論を中心として」『社会問題研究』大阪府立大学、47巻1号、107-125頁

福岡伸一（2007）『生物と無生物のあいだ』講談社

福岡伸一（2013）『やわらかな生命』文藝春秋

福原宏幸（2006）「社会的包摂政策を推進する欧州連合：そのプロセスと課題」『生活経済政策』115号、14-17頁

藤井常文（2016）『戦争孤児と戦後児童保護の歴史』明石書店

古川孝順（2003）『社会福祉原論』誠信書房

ベヴァリッジ、W.、一圓光彌監訳（1942）『ベヴァリッジ報告：社会
　　保険および関連サービス』法律文化社

前田信雄（1983）『岩手県沢内村の医療』日本評論社

松下圭一（1971）『シビル・ミニマムの思想』東京大学出版会

毛利健三（1990）『イギリス福祉国家の研究』東京大学出版会

ラウントリー、B. S.、長沼弘毅訳（1975）『貧乏研究』千城

終章　21世紀の福祉国家のグローバル展開[1]

渋谷　博史

　本書の第1章では、現代日本の福祉国家・社会保障を、第二次
大戦以降の大きな歴史の流れの中で日本国憲法における平和主義
と国民主権の民主制という理念を実現するための政策手段と位置
づけた。そして、第2章（年金）、第3章（医療保障）、第4章
（介護保険、高齢者福祉）、第5章（社会福祉）では、各分野にお
ける拡充プロセスや持続可能性等の課題を検討した。特に第1～
4章では、20世紀的な恵まれた条件の中で拡充された福祉国家・
社会保障が、21世紀的な恵まれない条件の下での持続可能性が
問われて節約・効率化・合理化を要請されることに焦点が当てら
れたが、第5章では逆に「人間社会の防衛」のための「セーフテ
ィネット」が維持されるだけではなく、むしろ拡充が求められる
という側面に重心が置かれた。

　この終章では、そのような第1～4章と第5章の対抗関係を受
けて、文字通り地球規模の視野で提言されている Human Securi-
ty 論と関連付けながら、国家規模で論じられてきた社会保障(So-
cial Security) についてあらためて考えてみたい。少し言葉をか
えれば、21世紀のグローバル化の時代であるがゆえに地球規模に

---

　1)　終章の執筆担当は本文が渋谷博史、*Column14*［人間の安全保障］が河﨑信
　　樹である。

Column14

人間の安全保障

　人間の安全保障とは、軍事的・非軍事的な脅威から個々人の生命や生活を守り、尊厳を持って生きる自由を確保することを意味する概念である。以下の本コラムでは、まず人間の安全保障の一般的な定義を示した上で、終章における人間の安全保障概念の特徴を示す。そして最後に、それらを踏まえ、人間の安全保障と国際援助の関係について考えていきたい。

　国際社会において初めて、人間の安全保障の概念を提唱したのは、国連開発計画（UNDP）『人間開発報告書』1994 年版である。その後、国連を中心としてその内容をめぐる議論が進められ、2012 年に一定の定義の下、国連総会決議が採択された*。国連総会決議では、まず「人間の安全保障は、加盟国が人々の生存、生計及び尊厳に対する広範かつ分野横断的な課題を特定し対処することを補助するアプローチであることに合意する」とされている。その上で、「人々が自由と尊厳の内に生存し、貧困と絶望から免れて生きる権利。すべての人々、特に脆弱な人々は、すべての権利を享受し彼らの持つ人間としての可能性を開花させる機会を平等に有し、恐怖からの自由と欠乏からの自由を享受する権利を有する」という考えを人間の安全保障の基本内容として位置付けている。こうした定義を受けて現在、「恐怖からの自由」、「欠乏からの自由」、「尊厳を持って生きる自由」が人間の安全保障を支える 3 本の柱とされている。

　ここから人間の安全保障は、以下のように理解できる。まず重要なのは「恐怖からの自由」、「欠乏からの自由」である。「恐怖からの自由」とは、地域紛争や内戦によって生じる軍事的な脅威から個々人の生命や生活を守ることである。「欠乏からの自由」は、経済危機や失業などに起因する貧困状態、社会インフラの未

整備から生じる教育や医療の欠乏、グローバルな感染症の流行、自然災害などの様々な非軍事的な脅威から個々人の生活を守ることである。そして、この2つの「自由」の実現を通じて、「尊厳を持って生きる自由」が確保される。つまり人間の安全保障とは、個々人の生命や生活を、国際社会に存在する様々な軍事的・非軍事的な脅威から守り、尊厳を持って生きていくことを可能にしなければならない、ということを意味している。そして現在、そのためにはどのような政策や活動が必要とされるのかが様々に議論されている。

　こうした一般的な定義を踏まえた場合、終章における定義は以下の3点の特徴を持つ。第1に、従来の人間の安全保障概念があくまでも、個々人に注目するのに対して、個々人の集合体としての人類全体に焦点を当てる方向へと概念を推し進めている。第2に、人間の安全保障に対する脅威として、上記のように多くの問題が挙げられているが、終章では、その中心にあるものを市場メカニズムのグローバルな拡大に見ている。第3に、その脅威から人類全体を守るために「地球規模の福祉国家」を提唱する一方、その仕組みが必然的に突き当たる資源制約に注意を促している。

　一方で、個々人と人類のどちらに焦点を当てるにせよ、襲いかかる脅威から、それらを守る主体は何なのかが問われなければならない。つまり脅威から個々人や人類を守る制度、国家、国際組織をいかにして構築していくのか。終章でも、一国的な Social Security の外枠を形成する National Security が不可欠であると論じられているが、そこには National Security の確保を実現しうる国内の統治機構の整備も含まれている。紛争や貧困を抱える諸国や地域において、そうした統治機構をいかに整備していくのか。すでに上記のような統治機構を有する先進国が果たすべき役割は大きい。国際援助を通じて、人間の安全保障に関わる問題の解決を進めていくことは、移民や難民の問題に苦慮している先進

> 国自身の利益にもなるだろう。ただし国際援助とは、国境を越え
> て他の国・地域へと介入していくことであり、そこでは摩擦が必
> 然的に生じる。人間の安全保障に対しても、先進国による途上国
> への民主主義や経済・社会モデルの押し付け、軍事的な介入を正
> 当化する理念であるとの批判が強い。「外枠」を形成するための
> 国際援助の必要性は高まっているが、どのような「外枠」を、い
> かなる方法で構築するのかという点をめぐる問題にも注意してい

視野を広げて、Social Security と Human Security について考察
したい。

　ところで、国家規模の Social Security と地球規模の Human
Security について考察する時には、National Security の役割を見
落とすことはできない。National Security は国家安全保障と訳さ
れるが、それは、国境の外を意識して、国民国家に対する外から
の脅威・リスクについての保障である。したがって、護られるべ
き対象者の属性は、それぞれの国の国民であり、国境の外側の他
国の国民と明確に区別されている。

　他方、Social Security（社会保障）は、（国境内部の）当該社会
の外を意識しないで社会内部におけるリスクに対する保障であり、
対象者の属性は、日本の国民、あるいは東京都民、八王子市民と
いう形で、その行政区分の中の社会で暮らす人間という限定があ
る。しかし実際には、National Security によって安心できる秩序
が維持される国内社会において Social Security が機能するのが実
情であり、それ故に、現代の福祉国家においては、国内の主たる
政策手段は Social Security であるが、対外的な National Security
も外枠を形成するものとして不可欠な政策手段である。

く必要がある。

（河﨑信樹）

＊『人間の安全保障に関する国連総会決議（A/RES/66/290）』（外務省による
　仮訳）、2012 年 9 月 10 日（https://www.mofa.go.jp/mofaj/press/release/
　24/9/pdfs/0911_03_02.pdf）。

　　Human Security は人間の安全保障と訳され、国境の内外とい
う認識ではなく、地球全体に広がる人間世界と認識して、そこで
暮らす人間に対して、すべてのリスクを保障するので、人的な脅
威も自然の脅威も対象となる。

　　人間にとって Human Security が原則とすれば、すなわち、人
間が他の人間を傷つけないことや、危険や困難にさらされている
人間がいれば周りの人間が助けるということが原則であるとすれ
ば、National Security と Social Security も大原則を実現する手段
として機能してきた。グローバル化の進行する以前はその 2 つで
おおよそ実現していた。しかしグローバル化の時代になると、
National Security と Social Security だけではカバーできないリス
クが発生し、あるいはそれらの仕組みではカバーできないリスク
を認識できるようになった。逆からいえば、それらの仕組みでカ
バーできないリスクが大きくなり、しかも放置できないほどに国
際的なインパクトがある状況がグローバル化であると定義するこ
とも可能である。

　　たしかにグローバル化は、市場メカニズムが地球規模で大発展
して「豊かな社会」のベクトルを強める時代でもあるが、かつて

各国内における市場化の進展によって福祉国家を必然的に形成しなければならなかったように、地球規模の市場化は地球規模の福祉国家の機能を要請する。地球全体を統治する国家も政府もないので、それぞれの国家の協力による「地球規模の福祉国家」の仕組みを構築する時代に入っているといえる。市場経済と民主主義の経済社会システムが福祉国家を内蔵せずに存立しえないように、グローバル化時代の地球規模の市場化も、地球規模の Human Security の仕組みと装置が不可欠である。

　本書の第1章では日本国憲法の「前文」を、日本国憲法の全体で構築する平和主義的な民主国家の枠組みによって追求される理念と目的を宣言するものであると認識して、その理念と目的のための最重要な政策手段と位置づけながら日本福祉国家を考察してきた。終章では、その「前文」の後半にある「国際社会」にかかわる部分を立ち入って検討するために、以下のようにそれぞれの文に番号を振る形で再び引用しよう。

　①われらは、平和を維持し、専制と隷従、圧迫と偏狭を地上から永遠に除去しようと努めてゐる国際社会において、名誉ある地位を占めたいと思ふ。
　②われらは、全世界の国民が、ひとしく恐怖と欠乏から免かれ、平和のうちに生存する権利を有することを確認する。
　③われらは、いづれの国家も、自国のことのみに専念して他国を無視してはならないのであつて、政治道徳の法則は、普遍的なものであり、この法則に従ふことは、自国の主権を維持

し、他国と対等関係に立たうとする各国の責務であると信ず
る。

　すなわち、①文では、国際社会はすべての国々が平和主義的な
民主国家になるべきであるという世界的な理念と目的が想定され、
②文では、それぞれの国において国民が「ひとしく恐怖と欠乏か
ら免かれ、平和のうちに生存する権利」があることを確認し、そ
して③文では、「自国のことのみに専念して他国を無視してはな
らない」という責務を提示している。

　1990年代からのグローバル化の時代においては、一方では高齢
化と国際競争による日本福祉国家の合理化と効率化が要請される
が、他方で世界各地における紛争や虐待や貧困が「再発見」され、
その解決に際して、国際社会を構成する各国の「自国のことのみ
に専念して他国を無視してはならない」という責務の具体策とし
て、国際援助の強化が要請される。東西対立の冷戦下で必要とさ
れた巨額の軍事費の削減が可能になっていたので、その削減分を
国際援助に回すことが可能になる[2]。まさに日本国憲法の前文の
後半にある平和世界における基本的人権のグローバル化のために
日本が貢献する時代に入るのである。

　さらに、日本国憲法の全体的な論理から考えると、②文の生存
権は単に「安心して生活する」だけではなく、安心できる生活基
盤の上に立って平和主義的な民主国家を支える主体性をもつこと
を目的とするはずである。そのような基盤を有する民主国家を確

---

[2]　山影進（2008）「地球社会の課題と人間の安全保障」（高橋哲哉・山影進編
　（2008）『人間の社会保障』東京大学出版会、7頁）。

立できていない状態の国があれば、「自国のことのみに専念して他国を無視してはならない」というのが、すでに確立できている先進国の責務ということになる。

　戦争や内戦や自然災害や貧困による生存権の危機に対する人道主義的な応急措置としての国際援助だけでは無責任であり、様々な暴力や「痛み」を排除したのちに、当該国あるいはその国民が自立的かつ主体的に平和主義的民主国家を建設できるような経済基盤を確保、維持できるように支援することが不可欠である。

　ただし、上述の理念に基づく地球規模の福祉国家システムの構築は、21世紀的な資源制約の下では、楽観的な経済成長を前提としてはならない。本書で繰り返し述べられた日本の福祉国家・社会保障における持続可能性の制約は、同様に、地球規模のHuman Security論に基づく福祉国家システムの構築においても最重要な前提条件となる。中国やロシアという旧社会主義国やアジア・中東・中南米・アフリカの途上国の全体に、20世紀の先進国で実現した質量の消費水準と福祉国家システムを実現できるとは思えない。地球規模で様々な形で資源制約が厳しくなる中で、日本においても資源節約的な福祉国家に再編するための最重要なヒントが、地球規模の「Human Security」の再認識にあるように思える。

あとがき

　本書は、社会福祉、社会保障、財政学、保険論といった学問的に多様なバックボーンを持つ執筆者たちが、協力して書き上げたものである。そのプロセスは、新たな知的刺激に満ちたものであると同時に、それぞれが自らの学問と真正面から向き合うことを求められるものでもあった。各々の分野の学問的蓄積に敬意を払いながら、一段上へと飛躍して学問を深化させることへの強い憧れに導かれる一方で、慣れ親しんだ思考と作法の中で無難に手堅くまとめてしまうことへの誘惑もまた存在した。このような、できることならば現状に甘んじたいという願望を、つい日本の社会保障システムの現状と重ね合わせてしまうのは、いささか大げさだろうか。

　残念ながら、20 世紀後半の右肩上がりの「豊かな社会」を前提とする楽観主義的な福祉国家論の時代はもう終わった。地球規模での資源制約や環境問題、グローバル化による国際的な経済競争の熾烈化、日本国内の人口の少子高齢化という大きな流れの中で、日本の社会保障システムはいかにして持続可能性を確保し、また新たな課題に取り組むべきか。専門家が得意とする個別の領域のみに安住するならば、現代史の大きな潮流が見失われ、最も守るべきものすら失い、途方に暮れる結果となりかねない。

　21 世紀を生きる我々は、先人達がこれまで培ってきたものに、

何を加えて何をそぎ落とすのか、そして後世にどのようなものを遺していくのか。明らかに正しいといえる答えがなく、厳しい選択が迫られる時代であるからこそ、主権者一人ひとりの判断と選択がより重要性を持つといえよう。

本書では、明快な、または具体的な政策提言は行われていない。堅実な学問的営みとして、ここでは、日本の社会保障システムの特質が歴史的また相対的な視点から捉えられ、21世紀の社会経済の構造変化について考察がなされている。この現実を直視しながら、持続可能なシステムを構築するための厳しい選択と模索に向かうための基礎的な知識と思考力を提供することに少しでも資することができればと願う次第である。

このような地道な学問活動に理解を示して、本書を上梓する機会を与えてくださった東京大学出版会の黒田拓也氏と大矢宗樹氏に心から御礼を申し上げたい。

2024年2月

執筆者一同

索　引

日本の社会保障システム ［第2版］
理念とデザイン

2017 年 9 月 20 日　初　版第 1 刷
2024 年 4 月 12 日　第 2 版第 1 刷

［検印廃止］

編　者　　吉田　健三・木下　武徳
　　　　　加藤美穂子・長谷川千春

発行所　　一般財団法人　東京大学出版会

　　　　　代表者　吉見　俊哉

　　　　　153-0041 東京都目黒区駒場4-5-29
　　　　　https://www.utp.or.jp/
　　　　　電話　03-6407-1069　Fax 03-6407-1991
　　　　　振替　00160-6-59964

組　版　　有限会社プログレス
印刷所　　株式会社ヒライ
製本所　　誠製本株式会社